# ÉDITORIAL

MAI 2021



# Tenir bon, avec Joseph

Ouvrir ce mois de mai avec la figure paternelle de saint Joseph est bienvenu en ces temps de pandémie. Entraînant, à ses risques et périls, la Sainte Famille sur la route de l'exil en Égypte, le père adoptif de Jésus a fait preuve d'une force d'âme incontestable. Le saint patron des travailleurs peut nous inspirer pour assumer notre devoir tout en nous pliant aux imprévus de la vie quotidienne. Sa foi inébranlable n'a pas pris une ride depuis deux mille ans. Elle peut désarmer notre torpeur pour tenir bon après des longs mois de lassitude. Tenir bon, comme Joseph sous le regard de Marie et de Jésus, pour accueillir le présent tel qu'il est. Tenir bon pour nous engager, à notre tour, dans l'accomplissement de notre devoir d'État. Quelle joyeuse fierté d'avoir une telle figure paternelle, dotée d'un grand sens du devoir, pour veiller sur les croyants au cours des âges ! Demander son aide et sa protection et confier le monde à sa sollicitude paternelle, voilà une prière que chacun de nous peut mettre à ses lèvres durant cette période particulièrement éprouvante. ■

*Tenir bon, comme Joseph, pour accueillir le présent tel qu'il est.*

## Prier avec le Saint-Père

### Intention universelle du mois de mai 2021

Prions pour que les responsables financiers travaillent avec les gouvernements pour réguler le domaine des finances et protéger les citoyens contre ses dangers.

---

Pour vous aider à prier :
**www.prieraucoeurdumonde.net**

# SAINTS ET SAINTES DU MOIS DE MAI 2021

**Xavier Lecœur**, journaliste et historien

*Chaque jour, l'Église fête plusieurs saints et bienheureux : ceux du calendrier romain, ceux des calendriers diocésains et ceux du calendrier des Églises orientales. Tous les mois,* Prions en Église *vous propose d'en découvrir quelques-uns.*

**1er mai**
**St Joseph, travailleur**
(Ier siècle)
C'est en 1955 que le père nourricier de Jésus, gardien de la Sainte Famille, a été proclamé saint patron de tous les travailleurs.

**2 mai**
**St Walbert**
(VIIe siècle)
Troisième abbé du monastère de Luxeuil (Haute-Saône). Il y introduisit la règle de saint Benoît, moins rigide que celle de saint Colomban.

**3 mai**
**Bx Édouard-Joseph Rosaz**
(1830-1903)
Évêque de Suse (Italie) pendant vingt-cinq ans, cet homme de prière y déploya un zèle inlassable au service de ses diocésains. Béatifié en 1991.

**4 mai**
**St Grégoire l'Illuminateur**
(IVe siècle)
Évangélisateur de l'Arménie. Il contribua à faire de ce pays le premier royaume officiellement chrétien.

**5 mai**
**St Hilaire d'Arles**
*(lire page 32)*

**6 mai**
**St François de Laval**
(1623-1708)
Noble français devenu le premier évêque de Québec, il est considéré comme le Père de l'Église canadienne. Canonisé en 2014.

**7 mai**
**Bse Marie-Louise Trichet**
(1684-1759)
« Je demande à mon aimable Jésus la grâce de parler comme lui et d'agir comme lui » : ainsi priait celle qui fonda, avec saint Louis-Marie de Montfort, la congrégation des Filles de la Sagesse. Béatifiée en 1993.

**8 mai**
**St Aimé Ronconi**
(vers 1226-vers 1292)
Né dans une famille riche, il se fit tertiaire franciscain et mena une vie de pénitence et de prière, tout en servant les malades et les pèlerins. Canonisé par le pape François en 2014.

**9 mai**
**St Tudi**
(VIe siècle)
Vénéré surtout en Bretagne, il aurait été le disciple de saint Guénolé, abbé de Landévennec, et le collaborateur de saint Corentin, évêque de Quimper.

**10 mai**
**St Jean d'Avila**
(1502-1569)
Prêtre et théologien espagnol qui, par sa prédication ardente, fut à l'origine des conversions de saint François de Borgia et de saint Jean de Dieu. Docteur de l'Église depuis 2012.

**11 mai**
**St François de Girolamo**
(1642-1716)
Pendant quarante ans, ce jésuite italien se voua à l'évangélisation dans la région de Naples. Joignant les actes à la parole, il multiplia les œuvres charitables pour les plus démunis.

**12 mai**
**Sts Nérée et Achille**
(IVe siècle)
Ces deux frères, enrôlés dans les armées romaines, refusèrent de prêter serment à César et de renier leur foi chrétienne. Ils furent mis à mort.

**13 mai**
**Ste Agnès de Poitiers**
(VIe siècle)
Première abbesse de l'abbaye Sainte-Croix de Poitiers, fondée en 552 par sainte Radegonde.

**14 mai**
**Ste Théodore Guérin**
(1798-1856)
« Quelle force l'âme tire de la prière ! », s'émerveillait cette religieuse bretonne que sa congrégation chargea d'ouvrir des écoles en Amérique du Nord. Canonisée en 2006.

**15 mai**
**Bx André Abellon**
(vers 1375-1450)
Ce frère prêcheur, prieur du couvent de Saint-Maximin (Var), fut non seulement un grand orateur, mais aussi un peintre de talent. Béatifié en 1902.

**16 mai**
**St Nimatullah Al-Hardini**
(1808-1858)
Prêtre de l'Ordre libanais maronite, professeur de théologie morale, il eut pour élève le futur saint Charbel Makhlouf, qu'il impressionna par la sainteté de sa vie. Canonisé en 2004.

**17 mai**
**St Pascal Baylon**
(1540-1592)
Entré chez les Franciscains comme simple portier, ce berger espagnol se fit remarquer par son humilité, son obéissance et son goût pour la prière. Patron des œuvres eucharistiques.

**18 mai**
**St Éric de Suède**
(XIIe siècle)
Roi de Suède, il favorisa le développement du christianisme dans son pays en rédigeant des lois dans un esprit évangélique.

**19 mai**
**Ste Marie-Bernarde Bütler**
(1848-1924)
Première sainte suisse, canonisée en 2008. Cette religieuse capucine exerça l'essentiel de son apostolat en Amérique du Sud.

**20 mai**
**St Bernardin de Sienne**
(1381-1444)
Grand prédicateur franciscain, il propagea la dévotion au Saint Nom de Jésus, dans lequel il voyait « la gloire de ceux qui croient » et « la consolation de ceux qui souffrent ». Canonisé dès 1450.

**21 mai**
**St Christophe Magallanes**
(1869-1927)
L'un des vingt-cinq martyrs du Mexique, canonisés par saint Jean-Paul II en 2000.

**22 mai**
**Ste Rita**
(1381-1457)
Animée d'un profond sens du pardon et d'une grande patience devant la souffrance, cette religieuse augustine de Cascia (Italie) est vénérée comme patronne des causes perdues et désespérées.

**23 mai**
**St Jean-Baptiste de Rossi**
(1698-1764)
Malgré une santé fragile, ce prêtre piémontais, venu à Rome, se dévoua corps et âme pour tous les laissés-pour-compte de la société. Canonisé en 1881.

**24 mai**
**Sts Donatien et Rogatien**
(IIIe et IVe siècles)
Dénoncés comme chrétiens, ces deux frères, ayant refusé d'abjurer, furent mis à mort. Patrons de la ville de Nantes.

**25 mai**
**St Bède le Vénérable**
(673-735)
Moine à l'abbaye bénédictine de Jarrow (Angleterre), il est l'auteur d'ouvrages historiques et exégétiques. Docteur de l'Église depuis 1899.

**26 mai**
**St Philippe Néri**
(1515-1595)
« La paix et la joie sont un avant-goût du Paradis », affirmait ce prêtre italien, fondateur de la Société de l'Oratoire dédiée au service paroissial et à la prédication. Canonisé en 1622.

**27 mai**
**St Augustin de Cantorbéry**
(VIe et VIIe siècles)
Ce moine, choisi par le pape saint Grégoire le Grand pour évangéliser l'Angleterre, reçut bon accueil de la part du roi saxon Ethelbert, qui se convertit peu après. Premier évêque de Cantorbéry.

**28 mai**
**Bx Lanfranc**
(vers 1005-1089)
Prieur du monastère du Bec-Hellouin (Eure), il devint archevêque de Cantorbéry, après la conquête de l'Angleterre par Guillaume le Conquérant.

**29 mai**
**Ste Ursule Ledochowska**
(1865-1939)
« Ma politique, c'est l'amour », disait cette religieuse polonaise, fondatrice de la congrégation des Ursulines du Cœur de Jésus agonisant. Canonisée en 2003.

**30 mai**
**St Joseph Marello**
(1844-1895)
Il y a vingt ans, le pape saint Jean-Paul II canonisait ce prêtre turinois, fondateur des Oblats de Saint-Joseph voués au ministère paroissial et à la pastorale des jeunes.

**31 mai**
**Ste Baptista Varano**
(1458-1524)
La vie de cette clarisse italienne, selon Benoît XVI, « fut une ascension constante sur la voie de la perfection, avec un amour héroïque envers Dieu et le prochain ».

# Prions avec les textes de la messe

## DU 1ER AU 31 MAI 2021

Dimanche 2 mai, *5e dimanche de Pâques* . . . . . . . . . . . . . . . . . **p. 17**
Dimanche 9 mai, *6e dimanche de Pâques* . . . . . . . . . . . . . . . . . **p. 60**
Jeudi 13 mai, *Ascension du Seigneur* . . . . . . . . . . . . . . . . . . . **p. 90**
Dimanche 16 mai, *7e dimanche de Pâques* . . . . . . . . . . . . . . . **p. 112**
Dimanche 23 mai, *Pentecôte* . . . . . . . . . . . . . . . . . . . . . . . . . **p. 158**
Dimanche 30 mai, *Sainte Trinité* . . . . . . . . . . . . . . . . . . . . . . **p. 209**

# *Partagez vos intentions de prière*

..............................................................................

..............................................................................

..............................................................................

..............................................................................

..............................................................................

..............................................................................

..............................................................................

..............................................................................

..............................................................................

Envoyez vos intentions de prière à :
*Prions en Église*, Intentions de prière, 18 rue Barbès, 92128 Montrouge Cedex.
**Elles seront portées par les lecteurs qui partiront en pèlerinage.**

# SAMEDI 1ER MAI 2021

4E SEMAINE DE PÂQUES COULEUR LITURGIQUE : BLANC

**Temps pascal,** *messe de la férie*
*ou* **saint Joseph, travailleur,** *voir p. 16*



### *Antienne d'ouverture*

**Nous sommes le peuple qui appartient à Dieu ;**
**nous sommes chargés d'annoncer les merveilles**
**de celui qui nous a appelés des ténèbres**
**à son admirable lumière, alléluia.** (cf. 1 P 2, 9)

### *Prière*

Dieu qui nous as recréés par le baptême, fais-nous vivre toujours davantage du mystère pascal : que ta grâce nous accorde de porter beaucoup de fruit et de parvenir aux joies de la vie éternelle. Par Jésus Christ… ***— Amen.***

## Lecture

du livre des Actes des Apôtres (13, 44-52)

*« Eh bien ! nous nous tournons vers les nations païennes »*

**Le sabbat qui suivait la première prédication de Paul à Antioche de Pisidie, presque toute la ville se rassembla pour entendre la parole du Seigneur. Quand les Juifs virent les foules, ils s'enflammèrent de jalousie* ; ils contredisaient les paroles de Paul et l'injuriaient. Paul et Barnabé leur déclarèrent avec assurance : « C'est à vous d'abord qu'il était nécessaire d'adresser la parole de Dieu. Puisque vous la rejetez et que**

vous-mêmes ne vous jugez pas dignes de la vie éternelle, eh bien ! nous nous tournons vers les nations païennes. C'est le commandement que le Seigneur nous a donné : *J'ai fait de toi la lumière des nations pour que, grâce à toi, le salut parvienne jusqu'aux extrémités de la terre.* » En entendant cela, les païens étaient dans la joie et rendaient gloire à la parole du Seigneur ; tous ceux qui étaient destinés à la vie éternelle devinrent croyants. Ainsi la parole du Seigneur se répandait dans toute la région. Mais les Juifs provoquèrent l'agitation parmi les femmes de qualité adorant Dieu, et parmi les notables de la cité ; ils se mirent à poursuivre Paul et Barnabé, et les expulsèrent de leur territoire. Ceux-ci secouèrent contre eux la poussière de leurs pieds et se rendirent à Iconium, tandis que les disciples étaient remplis de joie et d'Esprit Saint.
– Parole du Seigneur.

## *Psaume* 97 (98)

℟ ***La terre tout entière a vu le salut que Dieu nous donne.***
OU ***Alléluia !***

Chantez au Seigneur un chant nouveau,
car il a fait des merveilles ;
par son bras très saint, par sa main puissante,
il s'est assuré la victoire. ℟

Le Seigneur a fait connaître sa victoire,
et révélé sa justice aux nations ;
il s'est rappelé sa fidélité, son amour,
en faveur de la maison d'Israël. ℟

La terre tout entière a vu
la victoire de notre Dieu.
Acclamez le Seigneur, terre entière,
sonnez, chantez, jouez ! ℟

### *Acclamation de l'Évangile*

***Alléluia. Alléluia.*** Si vous demeurez dans ma parole, vous êtes vraiment mes disciples ; alors vous connaîtrez la vérité, dit le Seigneur. ***Alléluia.***

## *Évangile de Jésus Christ*

selon saint Jean (14, 7-14)

*« Celui qui m'a vu a vu le Père »*

En ce temps-là, Jésus disait à ses disciples : « Puisque vous me connaissez, vous connaîtrez aussi mon Père. Dès maintenant vous le connaissez, et vous l'avez vu. » Philippe lui dit : « Seigneur, montre-nous le Père ; cela nous suffit. » Jésus lui répond : « Il y a si longtemps que je suis avec vous, et tu ne me connais pas, Philippe ! Celui qui m'a vu a vu le Père. Comment peux-tu dire : "Montre-nous le Père" ? Tu ne crois donc pas que je suis dans le Père et que le Père est en moi ! Les paroles que je vous dis, je ne les dis pas de moi-même ; le Père qui demeure en moi fait ses propres œuvres. Croyez-moi : je suis dans le Père, et le Père est en moi ; si vous ne me croyez pas, croyez du moins à cause des œuvres elles-mêmes. Amen, amen, je vous le dis : celui qui croit en moi fera les œuvres que je fais. Il en fera même de plus grandes, parce que je pars vers le Père, et tout ce que vous demanderez en mon nom, je le ferai, afin que le Père soit glorifié dans le Fils. Quand vous me demanderez quelque chose en mon nom, moi, je le ferai. »

### *Prière sur les offrandes*

Dans ta bonté, Seigneur, sanctifie ces dons ; accepte le sacrifice spirituel de cette eucharistie, et fais de nous-mêmes une éternelle offrande à ta gloire. Par Jésus… – ***Amen.***

*Préface du temps pascal, p. 239.*

### *Antienne de la communion*

Jésus priait ainsi :
« Père, ceux que tu m'as donnés,
je veux que là où je suis eux aussi
soient avec moi, et qu'ils contemplent
la gloire que tu m'as donnée »,
alléluia.
(Jn 17, 24)

### *Prière après la communion*

Nous venons de communier, Seigneur, au don sacré du corps et du sang de ton Fils, et nous te prions humblement : que cette eucharistie, offerte en mémoire de lui, comme il nous a dit de le faire, augmente en nous la charité. Par Jésus… – ***Amen.***

### INVITATION

En cette année Saint-Joseph, décrétée par le pape François, je confie à Dieu, par l'intercession de l'époux de la Vierge Marie, mon travail, l'Église, ma famille…

## COMMENTAIRE

### Joseph, travailleur

Dans sa lettre annonçant l'année dédiée à saint Joseph que nous vivons depuis le 8 décembre, le pape écrit : « La crise de notre époque, qui est une crise économique, sociale, culturelle et spirituelle, peut représenter pour tous un appel à redécouvrir la valeur, l'importance et la nécessité du travail pour donner naissance à une nouvelle "normalité" dont personne n'est exclu. » Avec le pape, implorons saint Joseph travailleur pour que nous puissions trouver « des chemins qui nous engagent à dire : aucun jeune, aucune personne, aucune famille sans travail ». ■

*Père Thibault Van Den Driessche, assomptionniste*

## CLÉ DE LECTURE

### « De jalousie »

Actes 13, 45 *(p. 11)*

Encore une fois, le terme « zèlos », qui exprime l'ardeur exclusive pour le Dieu auquel on croit. Luc durcit ici l'effet clivant que produit la prédication de Paul : il vient de rappeler qu'un grand nombre de Juifs se laissaient convaincre (Ac 13, 43), mais il désigne aussitôt les Juifs en bloc comme les adversaires des chrétiens. Pourtant le mot « zélos » doit nous alerter. Paul depuis longtemps avait prévenu : la ferveur religieuse qui anime aussi bien les Juifs que les chrétiens peut devenir jalousie meurtrière entre frères, mais elle peut aussi être retournée en concurrence positive, en émulation qui fait avancer alternativement les uns puis les autres vers la miséricorde infinie de Dieu, jusqu'à ce que tous se retrouvent réunis en elle (cf. Rm 11, 30-32). ■

*Roselyne Dupont-Roc, bibliste*

# Saint Joseph, travailleur

**Couleur liturgique : blanc**

*En 1955, le pape Pie XII a placé le 1er mai sous le patronage de saint Joseph qui « personnifie auprès de Dieu et de la sainte Église la dignité du travailleur ».*

## Antienne d'ouverture

Heureux qui craint le Seigneur
et marche sur sa route.
Il jouira du travail de ses mains.
Heureux sera-t-il ! Il connaîtra
le bonheur. (Ps 127, 1-2)

## Prière

Dieu, créateur de l'univers, tu veux que l'homme, par son travail, te rende gloire en continuant ton œuvre ; permets, en ta bonté, qu'à l'exemple de saint Joseph et sous sa protection, nous accomplissions les tâches que tu nous donnes, et recevions la joie promise au bon serviteur. Par Jésus Christ… **— Amen.**

## Prière sur les offrandes

Seigneur, source de tout bienfait, regarde les présents déposés devant toi pour la fête de saint Joseph : permets que cette offrande devienne le secours dont nous avons besoin. Par Jésus… **— Amen.**

*Préface de saint Joseph, p. 242.*

## Antienne de la communion

Tout ce que vous dites, tout ce
que vous faites, que ce soit toujours
au nom du Seigneur Jésus Christ,
en offrant par lui votre action de grâce
à Dieu le Père, alléluia. (Col 3, 17)

## Prière après la communion

Tu nous as donné, Seigneur, de goûter aux joies du ciel et nous te supplions encore : fais-nous témoigner, comme saint Joseph, de la charité que tu as répandue dans nos cœurs, et nous connaîtrons la paix qui n'a pas de fin. Par Jésus… **— Amen.**

# DIMANCHE 2 MAI 2021

## 5E DIMANCHE DE PÂQUES

**ANNÉE B COULEUR LITURGIQUE : BLANC**

2 - 8

**L'histoire de l'Alliance manifeste la proximité de Dieu avec son peuple.** Il se rend présent et envoie son Fils. À travers le Christ, il propose une proximité nouvelle à ceux qui mettent leur foi en lui : « demeurer en lui », en toute chose et en tout temps, revenir à lui par le cœur, lui confier joies et doutes, décisions et engagements.

## OUVERTURE DE LA CÉLÉBRATION

***Chant d'entrée*** *(Suggestions p. 261)*

*ou*

***Antienne d'ouverture***

Chantez au Seigneur un chant nouveau, car il a fait des merveilles ; aux nations, il a révélé sa justice, alléluia. (Ps 97, 1-2)

***Suggestion de préparation pénitentielle*** *(ou p. 232)*

Tournons-nous vers le Seigneur qui nous appelle chaque jour à la conversion.

Seigneur Jésus, tu es plus grand que notre cœur, béni sois-tu et prends pitié de nous.

***— Béni sois-tu et prends pitié de nous.***

Ô Christ, tu nous donnes part à ton Esprit de vérité, béni sois-tu et prends pitié de nous.

***— Béni sois-tu et prends pitié de nous.***

Seigneur, tu es la vigne qui nous donne vie, béni sois-tu et prends pitié de nous.

***— Béni sois-tu et prends pitié de nous.***

Que Dieu tout-puissant nous fasse miséricorde ; qu'il nous pardonne nos péchés et nous conduise à la vie éternelle. ***— Amen.***

***Gloire à Dieu*** *(p. 234)*

*Prière*

Dieu qui as envoyé ton Fils pour nous sauver et pour faire de nous tes enfants d'adoption, regarde avec bonté ceux que tu aimes comme un père ; puisque nous croyons au Christ, accorde-nous la vraie liberté et la vie éternelle. Par Jésus Christ… ***— Amen.***

## LITURGIE DE LA PAROLE

### *Lecture* du livre des Actes des Apôtres (9, 26-31)

*« Barnabé leur raconta comment, sur le chemin, Saul avait vu le Seigneur »*

**En ces jours-là, arrivé à Jérusalem, Saul cherchait à se joindre aux disciples, mais tous avaient peur de lui, car ils ne croyaient pas que lui aussi était un disciple. Alors Barnabé le prit avec lui et le présenta aux Apôtres ; il leur raconta comment, sur le chemin, Saul avait vu le Seigneur, qui lui avait parlé, et comment, à Damas, il s'était exprimé avec assurance au nom de Jésus. Dès lors, Saul allait et venait dans Jérusalem avec eux, s'exprimant avec assurance au nom du Seigneur. Il parlait aux Juifs de langue grecque, et discutait avec eux. Mais ceux-ci cherchaient à le supprimer. Mis au courant, les frères l'accompagnèrent jusqu'à Césarée et le firent partir pour Tarse. L'Église était en paix dans toute la Judée, la Galilée et la Samarie ; elle se construisait et elle marchait dans la crainte du Seigneur ; réconfortée par l'Esprit Saint, elle se multipliait.** – Parole du Seigneur.

## *Psaume* 21 (22)

℟ ***Tu seras ma louange, Seigneur, dans la grande assemblée.***
*OU* ***Alléluia !***

*T. : AELF ; M. : J.-P. Lécot ; Éd. : ADF.*

Devant ceux qui te craignent, je tiendrai mes promesses.
Les pauvres mangeront : ils seront rassasiés ;
ils loueront le Seigneur, ceux qui le cherchent :
« À vous, toujours, la vie et la joie ! » ℟

La terre entière se souviendra et reviendra vers le Seigneur,
chaque famille de nations se prosternera devant lui :
« Oui, au Seigneur la royauté,
le pouvoir sur les nations ! » ℟

Retrouvez ce psaume sur le CD "Les psaumes de l'année B"

Et moi, je vis pour lui : ma descendance le servira;
on annoncera le Seigneur aux générations à venir.
On proclamera sa justice au peuple qui va naître :
Voilà son œuvre ! ℟



**Lecture** de la première lettre de saint Jean (3, 18-24)

*« Voici son commandement : mettre notre foi dans le nom de Jésus Christ et nous aimer les uns les autres »*

**Petits enfants, n'aimons pas en paroles ni par des discours, mais par des actes et en vérité. Voilà comment nous reconnaîtrons que nous appartenons à la vérité, et devant Dieu nous apaiserons notre cœur; car si notre cœur nous accuse, Dieu est plus grand que notre cœur, et il connaît toutes choses.**

**Bien-aimés, si notre cœur ne nous accuse pas, nous avons de l'assurance devant Dieu. Quoi que nous demandions à Dieu, nous le recevons de lui, parce que nous gardons ses commandements, et que nous faisons ce qui est agréable à ses yeux. Or, voici son commandement : mettre notre foi dans le nom de son Fils Jésus Christ, et nous aimer les uns les autres comme il nous l'a commandé. Celui qui garde ses commandements demeure en Dieu, et Dieu en lui; et voilà comment nous reconnaissons qu'il demeure en nous, puisqu'il nous a donné part à son Esprit.**

– Parole du Seigneur.

## *Acclamation de l'Évangile*

***Alléluia. Alléluia.*** Demeurez en moi, comme moi en vous, dit le Seigneur ; celui qui demeure en moi porte beaucoup de fruit. ***Alléluia.***

*U 76-98 ; M. : P. Robert ; ADF-Musique.*

## Évangile de Jésus Christ selon saint Jean (15, 1-8)

*« Celui qui demeure en moi et en qui je demeure,*
*celui-là porte beaucoup de fruit »*

**En ce temps-là, Jésus disait à ses disciples : « Moi, je suis la vraie vigne, et mon Père est le vigneron. Tout sarment qui est en moi, mais qui ne porte pas de fruit, mon Père l'enlève ; tout sarment qui**

porte du fruit, il le purifie en le taillant, pour qu'il en porte davantage. Mais vous, déjà vous voici purifiés grâce à la parole que je vous ai dite. Demeurez en moi, comme moi en vous. De même que le sarment ne peut pas porter de fruit par lui-même s'il ne demeure pas sur la vigne, de même vous non plus, si vous ne demeurez pas en moi.

« Moi, je suis la vigne, et vous, les sarments. Celui qui demeure en moi et en qui je demeure, celui-là porte beaucoup de fruit, car, en dehors de moi, vous ne pouvez rien faire. Si quelqu'un ne demeure pas en moi, il est, comme le sarment, jeté dehors, et il se dessèche. Les sarments secs, on les ramasse, on les jette au feu, et ils brûlent. Si vous demeurez en moi, et que mes paroles demeurent en vous, demandez tout ce que vous voulez, et cela se réalisera pour vous. Ce qui fait la gloire de mon Père, c'est que vous portiez beaucoup de fruit et que vous soyez pour moi des disciples. »

*Homélie*

*Profession de foi* *(p. 235)*

## *Suggestion de prière universelle*

*Le prêtre :*

Approchons-nous du Père et prions-le avec confiance pour l'Église et pour le monde.

℟ ***Seigneur, écoute-nous, Seigneur, exauce-nous.***

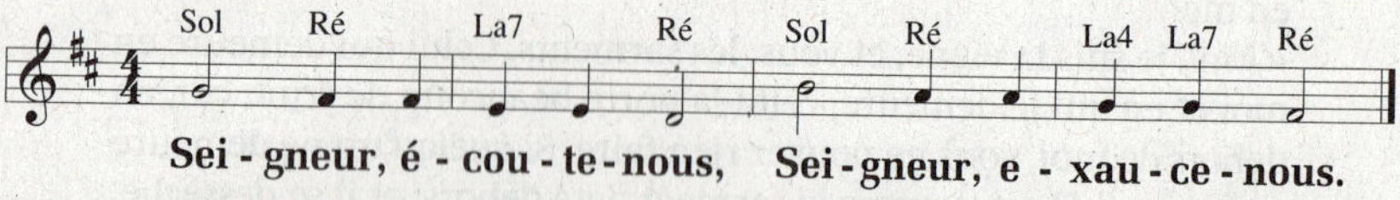


*D. R. ; T. et M. : J. Gelineau.*

*Le diacre ou un lecteur :*

Pour les prédicateurs, les catéchistes, celles et ceux qui annoncent la parole de Dieu, ensemble prions. ℟

Pour les contemplatifs, qui trouvent leur joie dans le Seigneur, et tous ceux qui, dans une vie active, désirent demeurer auprès de lui, ensemble prions. ℟

Pour les agriculteurs, celles et ceux qui prennent soin de la terre et pour ceux qui s'engagent pour préserver l'environnement, ensemble prions. ℟

Pour tous ceux qui travaillent dans le monde de la finance, au niveau national ou mondial, avec le pape François, ensemble prions. ℟

*(Ces intentions seront adaptées ou modifiées selon les circonstances.)*

*Le prêtre :*
Seigneur, toi le vigneron qui portes la vie de ton peuple, exauce nos prières. Nous te le demandons par Jésus, le Christ, notre Seigneur.
***— Amen.***

## LITURGIE EUCHARISTIQUE

### *Prière sur les offrandes*

Seigneur notre Dieu, dans l'admirable échange du sacrifice eucharistique, tu nous fais participer à ta propre nature divine : puisque nous avons la connaissance de ta vérité, accorde-nous de lui être fidèles par toute notre vie. Par Jésus… ***— Amen.***

### *Prière eucharistique* *(Préface du temps pascal, p. 239)*

### *Chant de communion* *(Suggestions p. 261)*

*OU*

### *Antienne de la communion*

« Je suis la vraie vigne, et vous, les sarments,
dit le Seigneur.
Celui qui demeure en moi, et en qui je demeure,
celui-là donne beaucoup de fruit », alléluia.
(Jn 15, 1. 5)

*Prière après la communion*
Dieu très bon, reste auprès de ton peuple, car sans toi notre vie tombe en ruine ; fais passer à une vie nouvelle ceux que tu as initiés aux sacrements de ton Royaume. Par Jésus… **— *Amen.***

## CONCLUSION DE LA CÉLÉBRATION

*Bénédiction*

*Envoi*

**COMMENTAIRE DU DIMANCHE**

**Marie-Dominique Trébuchet,** directrice de l'IER
(Institut catholique de Paris)

# Le dévoilement

La rage meurtrière qui tenait son cœur enfermé dans la violence a quitté Saul. La peur qui nourrissait sa rage, d'être infidèle à la Loi, en réalité une peur d'esclave, a laissé place à la foi. Sur le chemin de Damas, il a découvert que ce Jésus qu'il persécute est ce Dieu qu'il aime. Dès lors comment Saul peut-il vivre ? En répondant à sa vocation qui est de « parler au nom du Seigneur » au risque du rejet et de la persécution. Devenu Paul, il est devenu signe de la grande miséricorde de Dieu – qui est « plus grand que notre cœur » –, bénéficiaire pour tous de la grâce divine. Il lui aura fallu combattre âprement son aveuglement pour laisser la lumière de la vérité lui dévoiler l'identité du Dieu qu'il cherche à servir en fidélité depuis toujours. Rude combat contre lui-même pour accueillir en lui, et l'y laisser demeurer, •••

••• ce Dieu qu'il ne voulait pas reconnaître en Jésus. Le mystère nous frappe ici par sa force. Oui, Jésus est Fils et en lui nous est révélée la gloire du Père, qui se réalise pleinement au travers des fruits que nous portons. Ainsi, tout acte de charité, tout acte d'amour est une sortie de l'aveuglement. Nos actes sont reflets de la foi par laquelle nous pouvons, dans le Fils, contempler le Père. Le commandement unique qui relie la foi et l'amour en un seul mouvement façonne en nous le disciple. Et ce disciple peut ainsi reconnaître la demeure qui lui est promise par miséricorde.

~

Trouver sa demeure en Dieu,
est-ce la quête de toute ma vie ?

Quand notre cœur nous accuse, quelle hospitalité nous est offerte ? Comment se traduit-elle pour moi aujourd'hui ? ■

Prions en Église Junior

## LIRE L'ÉVANGILE AVEC LES ENFANTS



## CE QUE JE DÉCOUVRE

Un sarment ne peut pas vivre s'il n'est pas nourri par la sève, qui vient du pied de vigne. C'est pareil pour nous : si on ne s'attache pas à Jésus comme un sarment à la vigne, on oublie qu'il nous aime, et on ne lui donne plus de place dans notre vie...

**L'amour de Jésus est comme la sève : il nous apporte la vie.**

Alors, pour devenir des sarments vivants qui portent du fruit, ouvrons-lui notre cœur.

## CE QUE JE VIS

As-tu déjà pris soin d'une plante ?
Que fais-tu pour qu'elle reste belle et qu'elle donne du fruit ou des fleurs ?

**Dans ton coin prière, pose un fruit ou une plante. Puis remercie Dieu pour les fruits de la terre.**

Texte : Patricia Metzger. Illustrations : Marcelino Truong

**MÉDITATION BIBLIQUE**
**5E DIMANCHE DE PÂQUES**
Évangile selon saint Jean 15, 1-8

# Appelés à porter du fruit

**Nous sommes, personnellement et communautairement, appelés à la fécondité. Mais celle-ci ne peut advenir sans purification ni taille, sans passer par où Jésus est passé pour que l'amour puisse circuler.**

## Le temps de la préparation

**« Heureux l'homme […]
qui se plaît dans la loi du Seigneur.
Il donne du fruit. » Ps 1, 1. 2. 3**

## Le temps de l'observation

L'évangile de ce dimanche fait partie du « discours d'adieu ». Dans la Bible, nous trouvons plusieurs « testaments » : avant de mourir, un homme trace à ses fils ou à un peuple un chemin de vie. Ainsi en fut-il de Jacob ou de Moïse. Ici, Jésus s'adresse à ses disciples en tant qu'homme certes, mais aussi en tant qu'il est « Je suis », c'est-à-dire Dieu. Recevoir ses paroles est une première étape vers la fécondité. Des paroles qui invitent à « demeurer », une expression qui revient huit fois en l'espace de quelques versets et renvoie à une intériorité dynamique. Car il s'agit là d'une condition incontournable pour recevoir cette sève que sont l'Esprit donné par Jésus (cf. Jn 19, 30), indissociable du sang versé qu'il faut boire pour accéder à la vie éternelle (Jn 6, 54). Vie dans l'Esprit, vie sacramentelle et prière, nourries par la Parole, donnent d'être uni au Christ, en communion avec lui.

## Le temps de la méditation

Mystique floue, sentiment de présence illusoire, intimisme stérile ? Jean ne décolle-t-il pas de notre réalité avec ses incertitudes, son âpreté, ses menaces ? Non, si l'on se réfère à l'ensemble de l'Évangile et surtout au Christ, le Maître que le disciple est appelé à imiter dans une communauté de destin. Or la vie de Jésus n'a-t-elle pas été un don de soi concret, un amour incarné – vécu, avant d'être enseigné ? Revenons au lavement des pieds, aux guérisons, à la prise en compte des limites humaines. Mais Jésus prend soin de rappeler que cet amour ne relève pas de la seule volonté humaine de bien faire, mais qu'il s'enracine dans la communion d'amour trinitaire où le Père, le Fils et le Saint-Esprit vivent dans une interdépendance qui est don et effacement pour laisser place à l'autre. Un programme de vie pour quiconque désire porter du fruit et reconnaît tout à la fois son impuissance et sa capacité à laisser l'amour circuler en lui.

## Le temps de la prière

**« Heureux les hommes dont tu es la force : des chemins s'ouvrent dans leur cœur ! » Ps 83 (84), 6** ■

**Sœur Emmanuelle Billoteau,**
ermite

**5 MAI**
**SAINT HILAIRE D'ARLES**

## LE SAINT DU MOIS
### SAINT HILAIRE D'ARLES (VERS 401-449)

# Un disciple fervent

Si l'on avait prédit au jeune Hilaire, alors âgé de 20 ans, qu'il allait devenir moine puis évêque, il en aurait été fort surpris. Peut-être même en aurait-il ri. Car ce fils d'une famille noble gallo-romaine se sentait à l'époque « attaché au monde et rebelle à Dieu ». Après de solides études, il venait d'obtenir un poste élevé dans l'administration et regardait déjà vers les échelons supérieurs…

Mais c'était sans compter l'intervention de son proche parent, saint Honorat, qui avait fondé vers l'an 410 l'abbaye provençale de Lérins (au large de Cannes). En véritable « messager de Dieu », Honorat quitta son île et partit à la rencontre de Hilaire afin de lui parler, de cœur à cœur, de l'excellence de la vie religieuse. D'abord indifférent et goguenard, Hilaire commença à ressentir un appel profond à la conversion. Réussissant, avec l'aide de la grâce, à surmonter peurs et préjugés, Hilaire accepta de changer totalement de vie et de suivre saint Honorat jusqu'à l'abbaye de Lérins.

Là, le jeune ambitieux, sensible aux appas du monde, se mua en un moine fervent et en un disciple respectueux. Hilaire était heureux au milieu de ses frères et se voyait vivre ainsi jusqu'à sa mort. Mais, en 430, il fut contraint de succéder à son cher maître Honorat sur le siège épiscopal d'Arles !

Le nouvel évêque n'avait pas 30 ans : il était plein de zèle et de fougue, ce qui n'alla pas sans causer quelques malentendus avec certains de ses diocésains, avec quelques évêques et, même, avec le pape Léon le Grand ! Hilaire d'Arles se corrigea, s'amenda et continua à susciter l'admiration quasi générale par l'austérité de sa vie, ses nombreux actes de charité, son talent oratoire et son travail inlassable au service de l'Église.

Moins connu que son homonyme saint Hilaire de Poitiers (vers 315 – vers 367), saint Hilaire d'Arles a néanmoins contribué, tout comme lui, à enraciner la foi chrétienne en France. ■

**Xavier Lecœur,**
journaliste et historien

## UN SAINT POUR AUJOURD'HUI

Les saints demeurent parmi nous, notamment grâce aux écrits qu'ils nous ont laissés. C'est le cas de saint Hilaire d'Arles qui, dans sa *Vie de saint Honorat*, rend un hommage ému à son maître et revient sur la manière dont ce dernier l'« a amené à l'amour du Christ ».

# LUNDI 3 MAI 2021

COULEUR LITURGIQUE : ROUGE

**Saint Philippe et saint Jacques**

*(Ier siècle). Deux des douze Apôtres. Natif de Bethsaïde comme Simon-Pierre et André, Philippe fut appelé par Jésus à le suivre. Jacques, fils d'Alphée, est aussi appelé le Mineur.*

## *Antienne d'ouverture*

**Dans un amour sans repentir,**
**le Seigneur a choisi pour apôtres saint Philippe et saint Jacques**
**et il leur a donné une gloire éternelle, alléluia.**

## *Gloire à Dieu* *(p. 234)*

## *Prière*

Tu nous réjouis chaque année, Seigneur, par la fête des Apôtres Philippe et Jacques ; accorde-nous, à leur prière, d'être associés à la passion et à la résurrection de ton Fils afin de parvenir à la contemplation de ta gloire. Par Jésus Christ…
***— Amen.***

*Lectures propres à la fête de saint Philippe et saint Jacques.*

# *Lecture*

de la première lettre de saint Paul apôtre aux Corinthiens (15, 1-8)

*« Il est apparu à Jacques, puis à tous les Apôtres »*

Frères, je vous rappelle la Bonne Nouvelle que je vous ai annoncée ; cet Évangile, vous l'avez reçu ; c'est en lui que vous tenez bon, c'est par lui que vous serez sauvés si vous le gardez tel que je vous l'ai annoncé ;

autrement, c'est pour rien que vous êtes devenus croyants. Avant tout, je vous ai transmis ceci, que j'ai moi-même reçu : le Christ est mort pour nos péchés conformément aux Écritures, et il fut mis au tombeau ; il est ressuscité le troisième jour conformément aux Écritures, il est apparu à Pierre, puis aux Douze ; ensuite il est apparu à plus de cinq cents frères à la fois – la plupart sont encore vivants, et quelques-uns sont endormis dans la mort –, ensuite il est apparu à Jacques, puis à tous les Apôtres. Et en tout dernier lieu, il est même apparu à l'avorton que je suis. – Parole du Seigneur.



## Psaume 18 (19)

℟ ***Par toute la terre s'en va leur message.***

*OU*

***Alléluia.***

Les cieux proclament la gloire de Dieu,
le firmament raconte l'ouvrage de ses mains.
Le jour au jour en livre le récit
et la nuit à la nuit en donne connaissance. ℟

Pas de paroles dans ce récit,
pas de voix qui s'entende ;
mais sur toute la terre en paraît le message
et la nouvelle, aux limites du monde. ℟

## *Acclamation de l'Évangile*

***Alléluia. Alléluia.*** Moi, je suis le Chemin, la Vérité et la Vie, dit le Seigneur. Philippe, celui qui m'a vu a vu le Père. ***Alléluia.***

## Évangile de Jésus Christ
selon saint Jean (14, 6-14)

*« Il y a si longtemps que je suis avec vous, et tu ne me connais pas ! »*

En ce temps-là, Jésus dit à Thomas : « Moi, je suis le Chemin, la Vérité et la Vie ; personne ne va vers le Père sans passer par moi. Puisque vous me connaissez, vous connaîtrez aussi mon Père. Dès maintenant vous le connaissez, et vous l'avez vu. » Philippe lui dit : « Seigneur, montre-nous le Père ; cela nous suffit. » Jésus lui répond : « Il y a si longtemps que je suis avec vous, et tu ne me connais pas, Philippe ! Celui qui m'a vu a vu le Père. Comment peux-tu dire : "Montre-nous le Père" ? Tu ne crois donc pas que je suis dans le Père et que le Père est en moi ! Les paroles que je vous dis, je ne les dis pas de moi-même ; le Père qui demeure en moi fait ses propres œuvres. Croyez-moi : je suis dans le Père, et le Père est en moi ; si vous ne me croyez pas, croyez du moins à cause des œuvres elles-mêmes. Amen, amen, je vous le dis : celui qui croit en moi fera les œuvres que je fais. Il en fera même de plus grandes, parce que je pars vers le Père, et tout ce que vous demanderez en mon nom, je le ferai, afin que le Père soit glorifié dans le Fils. Quand vous me demanderez quelque chose en mon nom, moi, je le ferai. »

### *Prière sur les offrandes*
Reçois les offrandes que nous t'apportons, Seigneur, en la fête des Apôtres Philippe et Jacques ; accorde-nous de pratiquer d'une manière irréprochable et pure la religion véritable qu'ils ont enseignée. Par Jésus… — ***Amen.***

*Préface des Apôtres, p. 242*

### *Antienne de la communion*

« Seigneur, dit Philippe, montre-nous le Père, et cela nous suffit. »
Jésus répondit : « Philippe, qui me voit, voit le Père », alléluia. (Jn 14, 8-9)

### *Prière après la communion*

Daigne, Seigneur, purifier nos esprits par cette communion à tes mystères : que nous sachions, comme Philippe et Jacques, pour obtenir avec eux la vie éternelle, te voir dans ton Fils. Lui qui… ***— Amen.***



## INVITATION

Aujourd'hui, je réaffirme ce en quoi je crois :
Jésus est le Chemin, la Vérité et la Vie !

## COMMENTAIRE

**Folie d'un message** Jean 14, 6-14

**« Celui qui m'a vu a vu le Père. » Un soupir de découragement traverse la réponse de Jésus à Philippe. Malgré la proximité avec le Seigneur, les disciples ignorent son secret. « Tu ne crois donc pas que je suis dans le Père et que le Père est en moi ! » Il faudra le choc de la résurrection et l'envoi de l'Esprit Saint pour qu'ils adhèrent à la folie de ce message. Aujourd'hui encore, cette question ne nous laisse pas tranquille : « Qui est cet homme ? » ■**

*Sœur Bénédicte de La Croix, cistercienne*

# MARDI 4 MAI 2021

5E SEMAINE DE PÂQUES COULEUR LITURGIQUE : BLANC

**Temps pascal,** *messe de la férie*

*Antienne d'ouverture*

**Célébrez notre Dieu, serviteurs du Seigneur,**
**vous tous qui le craignez, petits et grands : voici maintenant le salut,**
**le règne et la puissance de son Christ, alléluia.** (Ap 19, 4 ; 12, 10)

*Prière*

Dieu qui nous recrées pour la vie éternelle dans la résurrection du Christ, fortifie la foi et l'espérance de ton peuple : ne laisse pas le doute entamer notre confiance en la promesse que toi-même nous as faite. Par Jésus Christ… ***— Amen.***

## Lecture

du livre des Actes des Apôtres (14, 19-28)

*« Ayant réuni l'Église, ils rapportèrent tout ce que Dieu avait fait avec eux »*

**En ces jours-là, comme Paul et Barnabé se trouvaient à Lystres, des Juifs arrivèrent d'Antioche de Pisidie et d'Iconium ; ils se rallièrent les foules, ils lapidèrent Paul et le traînèrent hors de la ville, pensant qu'il était mort. Mais, quand les disciples firent cercle autour de lui, il se releva et rentra dans la ville. Le lendemain, avec Barnabé, il partit pour Derbé. Ils annoncèrent la Bonne Nouvelle à cette cité et firent bon nombre de disciples. Puis ils retournèrent à Lystres, à Iconium et à Antioche de Pisidie ;**

ils affermissaient le courage des disciples ; ils les exhortaient à persévérer dans la foi, en disant : « Il nous faut passer par bien des épreuves pour entrer dans le royaume de Dieu. » Ils désignèrent des Anciens pour chacune de leurs Églises et, après avoir prié et jeûné, ils confièrent au Seigneur ces hommes qui avaient mis leur foi en lui. Ils traversèrent la Pisidie et se rendirent en Pamphylie. Après avoir annoncé la Parole aux gens de Pergé, ils descendirent au port d'Attalia, et s'embarquèrent pour Antioche de Syrie, d'où ils étaient partis ; c'est là qu'ils avaient été remis à la grâce de Dieu pour l'œuvre qu'ils avaient accomplie. Une fois arrivés, ayant réuni l'Église, ils rapportèrent tout ce que Dieu avait fait avec eux, et comment il avait ouvert aux nations la porte de la foi. Ils passèrent alors un certain temps avec les disciples.
– Parole du Seigneur.

## *Psaume* 144 (145)

℟ ***Que tes amis, Seigneur, annoncent la gloire de ton règne !***
*OU* ***Alléluia !***

Que tes œuvres, Seigneur, te rendent grâce
et que tes fidèles te bénissent !
Ils diront la gloire de ton règne,
ils parleront de tes exploits. ℟

Ils annonceront aux hommes tes exploits,
la gloire et l'éclat de ton règne :
ton règne, un règne éternel,
ton empire, pour les âges des âges. ℟

Que ma bouche proclame
les louanges du Seigneur !
Son nom très saint, que toute chair le bénisse
toujours et à jamais ! ℟

### *Acclamation de l'Évangile*

***Alléluia. Alléluia.*** Le Christ devait souffrir et ressusciter d'entre les morts pour entrer dans la gloire. ***Alléluia.***

## Évangile de Jésus Christ

selon saint Jean (14, 27-31a)

*« Je vous donne ma paix »*

**En ce temps-là, Jésus disait à ses disciples : « Je vous laisse la paix, je vous donne ma paix ; ce n'est pas à la manière du monde que je vous la donne. Que votre cœur ne soit pas bouleversé ni effrayé. Vous avez entendu ce que je vous ai dit : Je m'en vais, et je reviens vers vous. Si vous m'aimiez, vous seriez dans la joie puisque je pars vers le Père, car le Père est plus grand que moi. Je vous ai dit ces choses maintenant, avant qu'elles n'arrivent ; ainsi, lorsqu'elles arriveront, vous croirez. Désormais, je ne parlerai plus beaucoup avec vous, car il vient, le prince du monde. Certes, sur moi il n'a aucune prise, mais il faut que le monde sache que j'aime le Père, et que je fais comme le Père me l'a commandé. »**

### *Prière sur les offrandes*

Accueille, Seigneur, les dons de ton Église en fête : tu es à l'origine d'un si grand bonheur, qu'il s'épanouisse en joie éternelle. Par Jésus… ***— Amen.***

*Préface du temps pascal, p. 239.*

*Antienne de la communion*

Si nous sommes passés par la mort avec le Christ, nous vivrons aussi avec lui ; telle est notre foi, alléluia.

(Rm 6, 8)

*Prière après la communion*

Regarde avec bonté, Seigneur, le peuple que tu as rénové par tes sacrements ; accorde-nous de parvenir à la résurrection bienheureuse, toi qui nous as destinés à connaître ta gloire. Par Jésus… ***— Amen.***



## INVITATION

Le Seigneur nous a donné sa paix. Avec qui puis-je me réconcilier ?

## COMMENTAIRE

**Le siège de notre dignité** Jean 14, 27-31a

**C'est une évidence pour Jésus, son départ devrait susciter la joie de ses disciples. Nous arrive-t-il de tressaillir d'allégresse en contemplant son humanité présente dans le sein du Père ? Dans quelques jours, nous célébrerons ce mystère. Désormais le Fils glorifié siège à la droite du Père où il intercède pour nous. La dignité de chaque personne trouve là son fondement et tout particulièrement celle de nos corps, si fragiles. ■**

***Sœur Bénédicte de La Croix,*** *cistercienne*

# MERCREDI 5 MAI 2021

5E SEMAINE DE PÂQUES COULEUR LITURGIQUE : BLANC

**Temps pascal**, *messe de la férie*

*Antienne d'ouverture*

**Que ma bouche soit remplie de ta louange ;**
**Seigneur, tu m'as rendu la vie :**
**sur mes lèvres la joie chantera, alléluia.** (Ps 70, 8. 23)

*Prière*

Dieu qui aimes l'innocence et la fais recouvrer, oriente vers toi le cœur de tes fidèles : tu les as libérés des ténèbres de l'incroyance, fais qu'ils n'abandonnent jamais la lumière de ta vérité. Par Jésus Christ… – ***Amen.***

## Lecture

du livre des Actes des Apôtres (15, 1-6)

*« On décida qu'ils monteraient à Jérusalem auprès des Apôtres et des Anciens pour discuter de cette question »*

**En ces jours-là, des gens, venus de Judée à Antioche, enseignaient les frères en disant : « Si vous n'acceptez pas la circoncision selon la coutume qui vient de Moïse, vous ne pouvez pas être sauvés. » Cela provoqua un affrontement ainsi qu'une vive discussion engagée par Paul et Barnabé contre ces gens-là. Alors on décida que Paul et Barnabé, avec quelques autres frères, monteraient à Jérusalem auprès des Apôtres et des**

Anciens pour discuter de cette question. L'Église d'Antioche facilita leur voyage. Ils traversèrent la Phénicie et la Samarie en racontant la conversion des nations, ce qui remplissait de joie tous les frères. À leur arrivée à Jérusalem, ils furent accueillis par l'Église, les Apôtres et les Anciens, et ils rapportèrent tout ce que Dieu avait fait avec eux. Alors quelques membres du groupe des pharisiens qui étaient devenus croyants intervinrent pour dire qu'il fallait circoncire les païens et leur ordonner d'observer la loi de Moïse*. Les Apôtres et les Anciens se réunirent pour examiner cette affaire.
– Parole du Seigneur.



## *Psaume* 121 (122)

℟ ***Dans la joie, nous irons à la maison du Seigneur.***

*OU*

***Alléluia !***

Quelle joie quand on m'a dit :
« Nous irons à la maison du Seigneur ! »
Maintenant notre marche prend fin
devant tes portes, Jérusalem ! ℟

Jérusalem, te voici dans tes murs :
ville où tout ensemble ne fait qu'un !
C'est là que montent les tribus,
les tribus du Seigneur. ℟

C'est là qu'Israël doit rendre grâce
au nom du Seigneur.
C'est là le siège du droit,
le siège de la maison de David. ℟

### *Acclamation de l'Évangile*

***Alléluia. Alléluia.*** Demeurez en moi, comme moi en vous, dit le Seigneur ; celui qui demeure en moi porte beaucoup de fruit. ***Alléluia.***

## *Évangile de Jésus Christ*

selon saint Jean (15, 1-8)

*« Celui qui demeure en moi et en qui je demeure, celui-là porte beaucoup de fruit »*

**En ce temps-là, Jésus disait à ses disciples : « Moi, je suis la vraie vigne, et mon Père est le vigneron. Tout sarment qui est en moi, mais qui ne porte pas de fruit, mon Père l'enlève ; tout sarment qui porte du fruit, il le purifie en le taillant, pour qu'il en porte davantage. Mais vous, déjà vous voici purifiés grâce à la parole que je vous ai dite. Demeurez en moi, comme moi en vous. De même que le sarment ne peut pas porter de fruit par lui-même s'il ne demeure pas sur la vigne, de même vous non plus, si vous ne demeurez pas en moi. Moi, je suis la vigne, et vous, les sarments. Celui qui demeure en moi et en qui je demeure, celui-là porte beaucoup de fruit, car, en dehors de moi, vous ne pouvez rien faire. Si quelqu'un ne demeure pas en moi, il est, comme le sarment, jeté dehors, et il se dessèche. Les sarments secs, on les ramasse, on les jette au feu, et ils brûlent. Si vous demeurez en moi, et que mes paroles demeurent en vous, demandez tout ce que vous voulez, et cela se réalisera pour vous. Ce qui fait la gloire de mon Père, c'est que vous portiez beaucoup de fruit et que vous soyez pour moi des disciples. »**

### *Prière sur les offrandes*

Donne-nous, Seigneur, de te rendre grâce toujours par ces mystères de Pâques ; ils continuent en nous ton œuvre de rédemption, qu'ils nous soient une source intarissable de joie. Par Jésus… – ***Amen.***

*Préface du temps pascal, p. 239.*



### *Antienne de la communion*

Le Seigneur est ressuscité,
et nous qu'il a rachetés par son sang,
il nous remplit de sa lumière,
alléluia.

### *Prière après la communion*

Écoute nos prières, Seigneur : que cet échange mystérieux où l'homme est racheté nous soutienne durant la vie présente et nous apporte les joies éternelles. Par Jésus… – ***Amen.***

## INVITATION

Les paroles du Christ « demeurent » en moi. Dans ma prière d'aujourd'hui, que vais-je lui demander ?

## COMMENTAIRE

**Sans attendre** Psaume 121 (122)

**À l'approche du Temple de Jérusalem, le psalmiste déborde d'enthousiasme : « Quelle joie quand on m'a dit : "Nous irons à la maison du Seigneur !" » Ce cri du cœur, nous voudrions le partager avec ceux qui ont du mal à aller à l'Église. « Que de fois j'ai eu le désir de te fermer au nez la porte de mon âme, écrivait Carlo Carretto, et que de fois j'ai prié pour mourir entre tes bras qui offrent toute sécurité. » N'attendons pas qu'il soit trop tard ! ■**

***Sœur Bénédicte de La Croix**, cistercienne*

## ❊ CLÉ DE LECTURE

**« Observer la loi de Moïse »** Actes 15, 5 *(p. 43)*

**Jésus n'avait-t-il donc rien dit d'une annonce de l'Évangile aux païens ? Chez Matthieu, il restreint la mission « aux enfants perdus de la maison d'Israël ». Luc prouve que ses disciples n'avaient rien compris de tel, puisqu'il fait de la réunion de Jérusalem le pivot du livre des Actes. Il faut la conversion de Pierre convaincu par l'Esprit de baptiser le centurion païen (« manger des viandes impures »), il faut que Paul qui avait dû passer le pas vienne consulter à Jérusalem, pour que la difficile décision soit prise. Elle l'est par le plus judaïsant des disciples, Jacques de Jérusalem, qui invoque aussi l'Esprit Saint : on ne peut imposer aux nouveaux chrétiens de pratiquer la Loi, l'Évangile est offert sans restriction à tous les peuples ! ■**

***Roselyne Dupont-Roc**, bibliste*

# JEUDI 6 MAI 2021

5[E] SEMAINE DE PÂQUES COULEUR LITURGIQUE : BLANC

**Temps pascal,** *messe de la férie*

*Antienne d'ouverture*

**Chantons le Seigneur : grande est sa victoire ;**
**il est ma force, il est mon chant,**
**je lui dois le salut, alléluia.**
(Ex 15, 1-2)

*Prière*

Dieu qui nous as sanctifiés et qui nous as donné le bonheur quand nous étions pécheurs et malheureux, prends soin de tes dons, prends soin de ton œuvre : à ceux que tu as justifiés par la foi, accorde la force de persévérer. Par Jésus Christ…
***— Amen.***

## Lecture

du livre des Actes des Apôtres (15, 7-21)

*« Moi, j'estime qu'il ne faut pas tracasser ceux qui, venant des nations, se tournent vers Dieu »*

**En ces jours-là, comme la conversion des païens provoquait, dans l'Église de Jérusalem, une intense discussion, Pierre se leva et leur dit : « Frères, vous savez bien comment Dieu, dans les premiers temps, a manifesté son choix parmi vous : c'est par ma bouche que les païens**

ont entendu la parole de l'Évangile et sont venus à la foi. Dieu, qui connaît les cœurs, leur a rendu témoignage en leur donnant l'Esprit Saint tout comme à nous; sans faire aucune distinction entre eux et nous, il a purifié leurs cœurs par la foi. Maintenant, pourquoi donc mettez-vous Dieu à l'épreuve* en plaçant sur la nuque des disciples un joug que nos pères et nous-mêmes n'avons pas eu la force de porter ? Oui, nous le croyons, c'est par la grâce du Seigneur Jésus que nous sommes sauvés, de la même manière qu'eux. »
Toute la multitude garda le silence, puis on écouta Barnabé et Paul exposer tous les signes et les prodiges que Dieu avait accomplis grâce à eux parmi les nations. Quand ils eurent terminé, Jacques prit la parole et dit : « Frères, écoutez-moi. Simon-Pierre vous a exposé comment, dès le début, Dieu est intervenu pour prendre parmi les nations un peuple qui soit à son nom. Les paroles des prophètes s'accordent avec cela, puisqu'il est écrit : *Après cela, je reviendrai pour reconstruire la demeure de David, qui s'est écroulée ; j'en reconstruirai les parties effondrées, je la redresserai ; alors le reste des hommes cherchera le Seigneur, oui, toutes les nations sur lesquelles mon nom a été invoqué, – déclare le Seigneur, qui fait ces choses connues depuis toujours.* Dès lors, moi, j'estime qu'il ne faut pas tracasser ceux qui, venant des nations, se tournent vers Dieu, mais écrivons-leur de s'abstenir des souillures des idoles, des unions illégitimes, de la viande non saignée et du sang. Car, depuis les temps les plus anciens, Moïse a, dans chaque ville, des gens qui proclament sa Loi, puisque, dans les synagogues, on en fait la lecture chaque sabbat. »
– Parole du Seigneur.

## *Psaume* 95 (96)

℟ ***Racontez à tous les peuples les merveilles du Seigneur !***
*OU* ***Alléluia !***

Chantez au Seigneur un chant nouveau,
chantez au Seigneur, terre entière,
chantez au Seigneur et bénissez son nom ! ℟

De jour en jour, proclamez son salut,
racontez à tous les peuples sa gloire,
à toutes les nations ses merveilles ! ℟

Allez dire aux nations : « Le Seigneur est roi ! »
Le monde, inébranlable, tient bon.
Il gouverne les peuples avec droiture. ℟



### *Acclamation de l'Évangile*

***Alléluia. Alléluia.*** Mes brebis écoutent ma voix, dit le Seigneur ; moi, je les connais, et elles me suivent. ***Alléluia.***

## *Évangile de Jésus Christ*

selon saint Jean (15, 9-11)

*« Demeurez dans mon amour pour que votre joie soit parfaite »*

En ce temps-là, Jésus disait à ses disciples : « Comme le Père m'a aimé, moi aussi je vous ai aimés. Demeurez dans mon amour. Si vous gardez mes commandements, vous demeurerez dans mon amour, comme moi, j'ai gardé les commandements de mon Père, et je demeure dans son amour.

« Je vous ai dit cela pour que ma joie soit en vous, et que votre joie soit parfaite. »

### *Prière sur les offrandes*

Seigneur notre Dieu, dans l'admirable échange du sacrifice eucharistique, tu nous fais participer à ta propre nature divine : puisque nous avons la connaissance de ta vérité, accorde-nous de lui être fidèles par toute notre vie. Par Jésus…
**— *Amen*.**

*Préface du temps pascal, p. 239.*

### *Antienne de la communion*

Le Christ est mort pour tous,
afin que notre vie ne soit plus
à nous-mêmes, mais à lui qui est mort
et ressuscité pour nous, alléluia.
(cf. 2 Co 5, 15)

### *Prière après la communion*

Dieu très bon, reste auprès de ton peuple, car sans toi notre vie tombe en ruine ; fais passer à une vie nouvelle ceux que tu as initiés aux sacrements de ton royaume. Par Jésus… **— *Amen.***

### INVITATION

Je confie au Seigneur le ministère du ou des prêtres de ma paroisse.

## COMMENTAIRE

### Le sens de « demeurer »

Jean 15, 9-11

**Quel beau verbe que le verbe « demeurer » ! À propos de son étymologie, le Littré nous apprend qu'il s'agit de « s'arrêter, se tenir, rester en quelque endroit ». Avant sa Passion, Jésus invite ses disciples, à « demeurer » en son amour comme lui-même « demeure dans l'amour du Père ». Nous arrive-t-il de nous réfugier au sein de la Trinité, de nous y reposer, de reprendre souffle dans ce foyer ardent de charité comme sous un toit accueillant et familier ? ■**

***Sœur Bénédicte de La Croix**, cistercienne*



## ❊ CLÉ DE LECTURE

### « Mettre Dieu à l'épreuve »

Actes 15, 10 *(p. 48)*

**Dieu n'éprouve pas les hommes, ce sont plutôt eux qui mettent Dieu à l'épreuve. On sait par le livre de l'Exode qu'à Massa le peuple a « mis Dieu à l'épreuve » en refusant de lui faire confiance, en exigeant de lui des signes, de l'eau dans le désert (Ex 17, 2-7). Nous mettons Dieu à l'épreuve quand nous voulons le plier à nos besoins et à notre désir. Ici, cela consisterait à imposer aux nouveaux croyants « le joug de la Loi », à exiger d'eux une conduite rituelle ou morale que les responsables respectent eux-mêmes si peu ! Charger indûment l'autre en lui imposant de lourdes contraintes, fussent-elles conformes à la Loi, c'est refuser de croire à l'infinie miséricorde de Dieu, s'arroger le droit de juger à sa place. ■**

***Roselyne Dupont-Roc**, bibliste*

# VENDREDI 7 MAI 2021

5ᴱ SEMAINE DE PÂQUES COULEUR LITURGIQUE : BLANC

**Temps pascal,** *messe de la férie*

### *Antienne d'ouverture*

**Il est digne, l'Agneau immolé de recevoir puissance, divinité, sagesse, force et honneur, alléluia.** (Ap 5, 12)

### *Prière*

Nous t'en prions, Dieu tout-puissant, conforme notre cœur à la vérité du mystère pascal que nous célébrons dans la joie : qu'il nous protège par sa force et nous apporte le salut. Par Jésus Christ… ***— Amen.***

## *Lecture*

du livre des Actes des Apôtres (15, 22-31)

*« L'Esprit Saint et nous-mêmes avons décidé de ne pas faire peser sur vous d'autres obligations que celles-ci, qui s'imposent »*

**En ces jours-là, les Apôtres et les Anciens décidèrent avec toute l'Église de choisir parmi eux des hommes qu'ils enverraient à Antioche avec Paul et Barnabé. C'étaient des hommes qui avaient de l'autorité parmi les frères : Jude, appelé aussi Barsabbas, et Silas. Voici ce qu'ils écrivirent de leur main : « Les Apôtres et les Anciens, vos frères, aux frères issus des nations, qui résident à Antioche, en Syrie et en Cilicie, salut ! Attendu que certains des nôtres, comme nous l'avons appris, sont allés, sans aucun**

mandat de notre part, tenir des propos qui ont jeté chez vous le trouble et le désarroi, nous avons pris la décision, à l'unanimité, de choisir des hommes que nous envoyons chez vous, avec nos frères bien-aimés Barnabé et Paul, eux qui ont fait don de leur vie pour le nom de notre Seigneur Jésus Christ. Nous vous envoyons donc Jude et Silas, qui vous confirmeront de vive voix ce qui suit : L'Esprit Saint et nous-mêmes avons décidé de ne pas faire peser sur vous d'autres obligations que celles-ci, qui s'imposent : vous abstenir des viandes offertes en sacrifice aux idoles, du sang, des viandes non saignées et des unions illégitimes. Vous agirez bien, si vous vous gardez de tout cela. Bon courage ! »
On laissa donc partir les délégués, et ceux-ci descendirent alors à Antioche. Ayant réuni la multitude des disciples, ils remirent la lettre. À sa lecture, tous se réjouirent du réconfort qu'elle apportait.
– Parole du Seigneur.



## *Psaume* 56 (57)

℟ ***Je te rendrai grâce parmi les peuples, Seigneur.***
*OU* ***Alléluia !***

Mon cœur est prêt, mon Dieu,
mon cœur est prêt !
Je veux chanter, jouer des hymnes !
Éveille-toi, ma gloire !
Éveillez-vous, harpe, cithare,
que j'éveille l'aurore ! ℟

Je te rendrai grâce parmi les peuples, Seigneur,
et jouerai mes hymnes en tous pays.
Ton amour est plus grand que les cieux,
ta vérité, plus haute que les nues.
Dieu, lève-toi sur les cieux :
que ta gloire domine la terre ! ℟

### *Acclamation de l'Évangile*

***Alléluia. Alléluia.*** Je vous appelle mes amis, dit le Seigneur, car tout ce que j'ai entendu de mon Père, je vous l'ai fait connaître. ***Alléluia.***

## *Évangile de Jésus Christ*

selon saint Jean (15, 12-17)

*« Voici ce que je vous commande : c'est de vous aimer les uns les autres »*

En ce temps-là, Jésus disait à ses disciples : « Mon commandement, le voici : Aimez-vous les uns les autres comme je vous ai aimés. Il n'y a pas de plus grand amour que de donner sa vie pour ceux qu'on aime. Vous êtes mes amis si vous faites ce que je vous commande. Je ne vous appelle plus serviteurs, car le serviteur ne sait pas ce que fait son maître ; je vous appelle mes amis, car tout ce que j'ai entendu de mon Père, je vous l'ai fait connaître. Ce n'est pas vous qui m'avez choisi, c'est moi qui vous ai choisis et établis afin que vous alliez, que vous portiez du fruit, et que votre fruit demeure. Alors, tout ce que vous demanderez au Père en mon nom, il vous le donnera. Voici ce que je vous commande : c'est de vous aimer les uns les autres. »

### *Prière sur les offrandes*

Dans ta bonté, Seigneur, sanctifie ces dons ; accepte le sacrifice spirituel de cette eucharistie, et fais de nous-mêmes une éternelle offrande à ta gloire. Par Jésus…

***— Amen.***

*Préface du temps pascal, p. 239.*

*Antienne de la communion*
Celui que l'on avait crucifié,
il est vivant pour toujours,
et il nous a rachetés, alléluia.

*Prière après la communion*
Nous venons de communier, Seigneur, au don sacré du corps et du sang de ton Fils, et nous te prions humblement : que cette eucharistie, offerte en mémoire de lui, comme il nous a dit de le faire, augmente en nous la charité. Par Jésus… ***– Amen.***

2 - 8

## INVITATION

Je peux faire la liste des fruits de mes amitiés. Je la confie au Seigneur.

## COMMENTAIRE

**Amis pour la vie éternelle** Jean 15, 12-17

**Écoutons Jésus nous dire : « Je vous appelle mes amis. » Songeons quelques instants à nos amis, les meilleurs. C'est bien cette relation d'intimité, de liberté, de confiance réciproque que le Fils de Dieu désire nouer avec chacun d'entre nous. La grâce de l'amitié nous laisse pressentir le mystère de notre relation à Dieu et à nos frères et sœurs dans la communion des saints. À travers nos rencontres, la vie éternelle est déjà commencée ! ■**

***Sœur Bénédicte de La Croix,*** *cistercienne*

# SAMEDI 8 MAI 2021

5E SEMAINE DE PÂQUES COULEUR LITURGIQUE : BLANC

**Temps pascal,** *messe de la férie*

### *Antienne d'ouverture*

**Par le baptême, vous avez été mis au tombeau avec le Christ, avec lui vous avez été ressuscités, parce que vous avez cru en la force de Dieu qui a ressuscité le Christ d'entre les morts, alléluia.** (Col 2, 12)

### *Prière*

Dieu qui donnes la vie éternelle aux hommes en les faisant renaître par le baptême, nous te prions : dans le Christ, tu nous as justifiés et rendus capables d'une existence immortelle ; conduis-nous désormais par ta grâce jusqu'à la gloire qu'il possède en plénitude. Lui qui… ***— Amen.***

## *Lecture*

du livre des Actes des Apôtres (16, 1-10)

*« Passe en Macédoine et viens à notre secours »*

**En ces jours-là, Paul, qui avait quitté Antioche avec Silas, arriva ensuite à Derbé, puis à Lystres. Il y avait là un disciple nommé Timothée ; sa mère était une Juive devenue croyante, mais son père était grec. À Lystres et à Iconium, les frères lui rendaient un bon témoignage. Paul désirait l'emmener ; il le prit avec lui et le fit circoncire à cause des Juifs de la région, car ils savaient tous que son père était grec. Dans les villes où Paul et**

ses compagnons passaient, ils transmettaient les décisions prises par les Apôtres et les Anciens de Jérusalem, pour qu'elles entrent en vigueur. Les Églises s'affermissaient dans la foi et le nombre de leurs membres augmentait chaque jour. Paul et ses compagnons traversèrent la Phrygie et le pays des Galates, car le Saint-Esprit les avait empêchés de dire la Parole dans la province d'Asie. Arrivés en Mysie, ils essayèrent d'atteindre la Bithynie, mais l'Esprit de Jésus s'y opposa. Ils longèrent alors la Mysie et descendirent jusqu'à Troas. Pendant la nuit, Paul eut une vision : un Macédonien lui apparut, debout, qui lui faisait cette demande : « Passe en Macédoine et viens à notre secours. » À la suite de cette vision de Paul, nous avons aussitôt cherché à partir pour la Macédoine, car nous en avons déduit que Dieu nous appelait à y porter la Bonne Nouvelle. – Parole du Seigneur.



## *Psaume* 99 (100)

℟ ***Acclamez le Seigneur, terre entière !***
*OU* ***Alléluia !***

Acclamez le Seigneur, terre entière,
servez le Seigneur dans l'allégresse,
venez à lui avec des chants de joie ! ℟

Reconnaissez que le Seigneur est Dieu :
il nous a faits, et nous sommes à lui,
nous, son peuple, son troupeau. ℟

Oui, le Seigneur est bon,
éternel est son amour,
sa fidélité demeure d'âge en âge. ℟

### *Acclamation de l'Évangile*

***Alléluia. Alléluia.*** Si vous êtes ressuscités avec le Christ, recherchez les réalités d'en haut : c'est là qu'est le Christ, assis à la droite de Dieu. ***Alléluia.***

## *Évangile de Jésus Christ*

selon saint Jean (15, 18-21)

*« Vous n'appartenez pas au monde, puisque je vous ai choisis en vous prenant dans le monde »*

**En ce temps-là, Jésus disait à ses disciples : « Si le monde a de la haine contre vous, sachez qu'il en a eu d'abord contre moi. Si vous apparteniez au monde, le monde aimerait ce qui est à lui. Mais vous n'appartenez pas au monde, puisque je vous ai choisis en vous prenant dans le monde ; voilà pourquoi le monde a de la haine contre vous. Rappelez-vous la parole que je vous ai dite : un serviteur n'est pas plus grand que son maître. Si l'on m'a persécuté, on vous persécutera, vous aussi. Si l'on a gardé ma parole, on gardera aussi la vôtre. Les gens vous traiteront ainsi à cause de mon nom, parce qu'ils ne connaissent pas Celui qui m'a envoyé. »**

### *Prière sur les offrandes*

Reçois avec bonté, Seigneur, les offrandes de ton peuple : garde-le sous ta protection, pour qu'il ne perde aucun des biens que tu lui donnes, et découvre ceux qui demeurent toujours. Par Jésus… ***— Amen.***

*Préface du temps pascal, p. 239.*

### *Antienne de la communion*

Jésus priait ainsi : « Pour ceux qui
croiront en moi, je te demande, Père,
qu'ils soient un en nous,
afin que le monde reconnaisse
que tu m'as envoyé », alléluia.
(Jn 17, 20-21)

### *Prière après la communion*

Ne cesse pas de protéger avec amour, Seigneur, ceux que tu as sauvés : la passion de ton Fils les a rachetés, qu'ils mettent leur joie dans sa résurrection. Lui qui…

***— Amen.***

## INVITATION

Des personnes sont persécutées au nom de leur foi.
Je peux choisir une association à qui faire un don pour les soutenir.

## COMMENTAIRE

### Regonflés par le Souffle

Actes 16, 1-10

**Paul et ses compagnons, désireux de passer sur la rive asiatique du Bosphore, en Bithynie, se heurtent à un refus : « L'Esprit de Jésus s'y opposa. » Hier nous entendions, dans les Actes, les Apôtres et les Anciens affirmer : « L'Esprit Saint et nous-mêmes avons décidé… » Saisies au vol, ces expressions révèlent la qualité d'écoute et de docilité au Souffle du Ressuscité des premiers chrétiens. À leur suite, faisons voile au « Vent ». ■**

***Sœur Bénédicte de La Croix,** cistercienne*

# DIMANCHE 9 MAI 2021

## 6E DIMANCHE DE PÂQUES

**ANNÉE B COULEUR LITURGIQUE : BLANC**

*« Aimez-vous les uns les autres comme je vous ai aimés. »*
Jean 15, 12



**L'amitié avec le Christ** nous est offerte de manière personnelle : il est là, il nous écoute. Il est, pour tous, un ami sûr. À partir de notre relation avec lui, il nous invite à une grande ouverture de cœur afin d'accueillir dans l'Église tous nos frères et sœurs, au-delà des différences de culture, d'âge ou de sensibilité. À tous, l'Esprit est promis !

## OUVERTURE DE LA CÉLÉBRATION

***Chant d'entrée*** *(Suggestions p. 261)*

*OU*

***Antienne d'ouverture***

Avec des cris de joie, répandez la nouvelle, portez-la jusqu'au bout du monde : le Seigneur a libéré son peuple, alléluia. (cf. Is 48, 20)

***Suggestion de préparation pénitentielle*** *(ou p. 232)*

Demandons pardon au Seigneur, lui qui ne cesse de nous manifester son amour.

Seigneur Jésus, tu nous dis que celui qui aime est né de Dieu. Seigneur, prends pitié.

***– Seigneur, prends pitié.***

Ô Christ, tu nous manifestes l'amour infini du Père. Ô Christ, prends pitié.

***– Ô Christ, prends pitié.***

Seigneur, tu as donné ta vie pour le pardon de nos péchés. Seigneur, prends pitié.

***– Seigneur, prends pitié.***

Que Dieu tout-puissant nous fasse miséricorde ; qu'il nous pardonne nos péchés et nous conduise à la vie éternelle. ***– Amen.***

***Gloire à Dieu*** *(p. 234)*

### *Prière*

Dieu tout-puissant, accorde-nous, en ces jours de fête, de célébrer avec ferveur le Christ ressuscité : que le mystère de Pâques dont nous faisons mémoire reste présent dans notre vie et la transforme. Par Jésus Christ… **— *Amen.***

## LITURGIE DE LA PAROLE

***Lecture*** du livre des Actes des Apôtres (10, 25-26. 34-35. 44-48)

*« Même sur les nations païennes,*
*le don de l'Esprit Saint avait été répandu »*

**Comme Pierre arrivait à Césarée chez Corneille, centurion de l'armée romaine, celui-ci vint à sa rencontre, et, tombant à ses pieds, il se prosterna. Mais Pierre le releva en disant : « Lève-toi. Je ne suis qu'un homme, moi aussi. » Alors Pierre prit la parole et dit : « En vérité, je le comprends, Dieu est impartial : il accueille, quelle que soit la nation, celui qui le craint et dont les œuvres sont justes. » Pierre parlait encore quand l'Esprit Saint descendit sur tous ceux qui écoutaient la Parole. Les croyants qui accompagnaient Pierre, et qui étaient juifs d'origine, furent stupéfaits de voir que, même sur les nations, le don de l'Esprit Saint avait été répandu. En effet, on les entendait parler en langues et chanter la grandeur de Dieu. Pierre dit alors : « Quelqu'un peut-il refuser l'eau du baptême à ces gens qui ont reçu l'Esprit Saint tout**

comme nous ? » Et il donna l'ordre de les baptiser au nom de Jésus Christ. Alors ils lui demandèrent de rester quelques jours avec eux.
– Parole du Seigneur.

## *Psaume* 97 (98)

℟ ***Le Seigneur a fait connaître sa victoire***
***et révélé sa justice aux nations.***
*OU* ***Alléluia !***

*T. : AELF; M. : L. Groslambert; Éd. : ADF.*

Chantez au Seigneur un chant nouveau,
car il a fait des merveilles ;
par son bras très saint, par sa main puissante,
il s'est assuré la victoire. ℟

℟ ***Le Seigneur a fait connaître sa victoire***
***et révélé sa justice aux nations.***
*OU* ***Alléluia !***

Le Seigneur a fait connaître sa victoire
et révélé sa justice aux nations ;
il s'est rappelé sa fidélité, son amour,
en faveur de la maison d'Israël. ℟

La terre tout entière a vu
la victoire de notre Dieu.
Acclamez le Seigneur, terre entière,
sonnez, chantez, jouez ! ℟

Retrouvez ce psaume sur le CD "Les psaumes de l'année B"

## *Lecture* de la première lettre de saint Jean (4, 7-10)

*« Dieu est amour »*

**Bien-aimés, aimons-nous les uns les autres, puisque l'amour vient de Dieu. Celui qui aime est né de Dieu et connaît Dieu. Celui qui n'aime pas n'a pas connu Dieu, car Dieu est amour.**
**Voici comment l'amour de Dieu s'est manifesté parmi nous : Dieu a envoyé son Fils unique dans le monde pour que nous vivions par lui. Voici en quoi consiste l'amour : ce n'est pas nous qui avons aimé Dieu, mais c'est lui qui nous a aimés, et il a envoyé son Fils en sacrifice de pardon pour nos péchés.**
– Parole du Seigneur.

### *Acclamation de l'Évangile*

***Alléluia. Alléluia.*** Si quelqu'un m'aime, il gardera ma parole, dit le Seigneur ; mon Père l'aimera, et nous viendrons vers lui. ***Alléluia.***

*U 76-98 ; M. : P. Robert ; ADF-Musique.*

## Évangile de Jésus Christ selon saint Jean (15, 9-17)

*« Il n'y a pas de plus grand amour que de donner sa vie pour ceux qu'on aime »*

**En ce temps-là, Jésus disait à ses disciples : « Comme le Père m'a aimé, moi aussi je vous ai aimés. Demeurez dans mon amour. Si vous gardez mes commandements, vous demeurerez dans mon amour, comme moi, j'ai gardé les commandements de mon Père, et je demeure dans son amour. Je vous ai dit cela pour que ma joie soit en vous, et que votre joie soit parfaite. Mon commandement, le voici : Aimez-vous les uns les autres comme je vous ai aimés. Il n'y a**

pas de plus grand amour que de donner sa vie pour ceux qu'on aime. Vous êtes mes amis si vous faites ce que je vous commande. Je ne vous appelle plus serviteurs, car le serviteur ne sait pas ce que fait son maître; je vous appelle mes amis, car tout ce que j'ai entendu de mon Père, je vous l'ai fait connaître. Ce n'est pas vous qui m'avez choisi, c'est moi qui vous ai choisis et établis afin que vous alliez, que vous portiez du fruit, et que votre fruit demeure. Alors, tout ce que vous demanderez au Père en mon nom, il vous le donnera. Voici ce que je vous commande : c'est de vous aimer les uns les autres. »

## *Homélie*

## *Profession de foi* (p. 235)

## *Suggestion de prière universelle*

*Le prêtre :* Ensemble, unissons nos voix pour adresser nos prières au Seigneur de nos vies.

℟ ***Toi qui nous aimes, écoute-nous, Seigneur.***

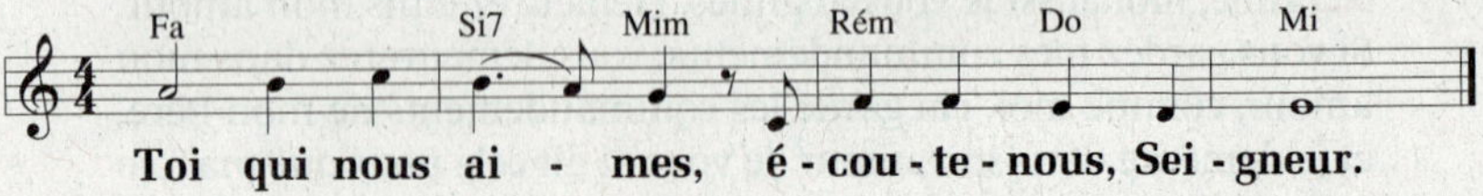


*Y 55-4 SM ; T. : M. Scouarnec ; M. : J. Akepsimas.*

*Le diacre ou un lecteur :*

Pour les baptisés qui sont tous appelés à vivre, chacun selon sa vocation, une amitié vivante et vraie avec le Christ, Dieu, notre Père, nous te prions. ℟

Pour celles et ceux qui se heurtent à la difficulté d'aimer et de pardonner, en famille, au travail, avec leurs amis, Dieu, source de l'amour, nous te prions. ℟

Pour que notre communauté vive l'ouverture de cœur et d'esprit que tu désirais dès l'origine pour ton Église, Dieu des nations, nous te prions. ℟

Pour que les finances et les intérêts économiques ne soient pas cause d'injustice grandissante entre les peuples, Dieu de la paix, avec le pape François nous te prions. ℟

*(Ces intentions seront adaptées ou modifiées selon les circonstances.)*

*Le prêtre :*

Seigneur du ciel et de la terre, toi qui connais les besoins de ton peuple, exauce nos prières, nous te le demandons par Jésus… ***— Amen.***

## LITURGIE EUCHARISTIQUE

### *Prière sur les offrandes*

Que nos prières montent vers toi, Seigneur, avec ces offrandes pour le sacrifice ; dans ta bonté purifie-nous, et nous correspondrons davantage aux sacrements de ton amour. Par Jésus… ***— Amen.***

***Prière eucharistique*** *(Préface du temps pascal p. 239)*

***Chant de communion*** *(Suggestions p. 261)*
*OU*
***Antienne de la communion***
« Si vous m'aimez, dit le Seigneur,
vous resterez fidèles à mes commandements.
Moi, je prierai le Père et il vous donnera un autre défenseur
qui sera pour toujours avec vous », alléluia.
(Jn 14, 15-16)

***Prière après la communion***
Dieu tout-puissant, dans la résurrection du Christ, tu nous recrées pour la vie éternelle ; multiplie en nous les fruits du sacrement pascal : fais-nous prendre des forces neuves à cette nourriture qui apporte le salut. Par Jésus… ***— Amen.***

## CONCLUSION DE LA CÉLÉBRATION

***Bénédiction***

***Envoi***

**COMMENTAIRE DU DIMANCHE**

**Père Pierre-Yves Pecqueux,** eudiste

# Révolution de l'amour

Il n'y a pas de secret. Les mois et même l'année que nous venons de vivre, avec confinements et autre couvre-feu, nous ont fait mesurer combien le manque de relations était frustrant, voire démoralisant. Les peurs et les dangers de l'individualisme enferment et l'enfermement sur soi, surtout quand il est subi, n'ouvre pas au bonheur ; l'immobilisme et l'attentisme ne peuvent conduire à la vie.

L'évangile de ce jour est tout autre. Il est une invitation aux entrées multiples, car il s'agit de partir, de porter du fruit, de s'aimer les uns les autres, de donner sa vie, de passer de serviteurs à amis. Des invitations qui ne peuvent laisser insensibles les disciples. Les projets peuvent prendre corps, les rencontres peuvent se réaliser et la joie du vivre ensemble devenir réalité.

Il s'agit donc d'entrer dans la nouveauté, nouveauté du don mais •••

••• plus encore nouveauté de se donner... comme Jésus, qui a donné sa vie. Cela, il veut le partager avec ses amis, parce qu'on choisit ses amis et que l'amour et l'amitié se construisent dans la liberté. Le serviteur est là pour servir le maître ; l'ami est là pour vivre la rencontre, pour vivre le cœur-à-cœur. Le changement de relation décidé par Jésus, « Je ne vous appelle plus serviteurs... », est une véritable révolution de l'amour. Dieu vient à la rencontre de l'homme pour lui offrir cette nouvelle relation.
Déconfinons notre façon d'être en relation ; cessons de chercher des hiérarchies ou des responsables. Prenons le risque que Jésus offre à ses disciples, de devenir ses amis et de vivre entre nous des changements en profondeur dans le dialogue et notre façon d'être, comme nous y invite François dans *Fratelli tutti*. (FT 198)

M'arrive-t-il de m'interroger sur la qualité de mes relations avec les autres ? quelle relecture en fais-je ? avec quels engagements ?

Comment en famille, en équipe de vie, rendons-nous compte de nos relations ? ■

Prions en Église Junior

## LIRE L'ÉVANGILE AVEC LES ENFANTS

### CE QUE JE DÉCOUVRE

**Quelle joie !** Le Christ veut nous partager son amour, il est avec nous.
Il nous a choisis comme amis
et nous invite à vivre comme lui,
en étant remplis d'amour et en donnant beaucoup aux autres. **Être l'ami de Jésus, c'est croire que cet amour est possible en nous et entre nous.**
Jésus nous dit de
« nous aimer les uns les autres ».

### CE QUE JE VIS

Connais-tu des personnes qui donnent leur vie pour les autres ?
Et toi, qu'as-tu envie de donner
à tes parents, à tes amis, à Jésus ?
**Choisis une photo où ta famille est réunie.**
**Regarde bien tous les visages.**
**Et prie pour chacun.**

Texte : P. Pierre-Marie Leroy. Illustrations : Marcelino Truong

9 - 15

## MÉDITATION BIBLIQUE

### 6E DIMANCHE DE PÂQUES

Ac 10, 25-26. 34-35. 44-48 ; 1 Jn 4, 7-10; Jn 15, 9-17

# Le monde nouveau

**Entre Pâques et Pentecôte, cinquante jours nous sont donnés pour sortir d'une vision du monde périmée et entrer en amitié avec Dieu.**

## Le temps de la préparation

**« Comme le Père m'a aimé, moi aussi je vous ai aimés. » (Jn 15, 9)**

## Le temps de l'observation

Les textes du jour insistent tous pour dire que les croyants vivent d'une origine et de dons qui leur échappent. L'Esprit Saint déjoue tous les plans religieux et toutes les appartenances. L'amour vient de Dieu, il est donné par lui et c'est lui qui unit le Fils au Père. Même la décision des disciples de suivre le Christ semble avoir sa source dans la volonté du Fils. Ils ont été choisis, Dieu est venu les chercher pour porter du fruit. Ces textes bouleversent nos logiques humaines. C'est en cela que le Christ ne propose pas une série de lois supplémentaires. Il ne pousse pas ses disciples à continuer à faire des efforts pour faire naître l'amour en eux.

Ces textes du Nouveau Testament insistent pour dire qu'il n'y a désormais plus de serviteurs mais des amis capables de recevoir avec gratitude tout le bien qui est prévu pour eux depuis l'origine. Cette proposition déboussole notre envie de faire ou de bien faire.

## Le temps de la méditation

En insistant sur l'origine de l'amour et sur la liberté de l'Esprit, ces textes coupent court à beaucoup des mécanismes que nous connaissons bien ; la culpabilité de ne pas être à la hauteur ou l'orgueil de faire partie des bons croyants en sont deux exemples. En prenant au sérieux la vision du monde qui nous est proposée, nous pouvons laisser tomber tout cela. Plutôt que de faire des efforts pour maîtriser une situation qui nous échappe, pour décider de qui est qui ou de qui mérite quoi, il est question de s'ouvrir à l'amour de Dieu, qu'aucune maîtrise ne contrôle. C'est bien une logique d'amitié qui est à l'œuvre. En proposant de devenir ami de Dieu, Jésus invite chacun à bénéficier largement de ses dons et à les offrir avec autant de générosité. Rentrer en amitié avec Dieu est une proposition simple qui s'avère difficile si l'on tient à contrôler notre vie. L'Esprit de Dieu, donné à la Pentecôte, est un souffle qui nous aide à y parvenir.

## Le temps de la prière

**« Chantez au Seigneur**
**un chant nouveau,**
**car il a fait des merveilles. »**
**Ps 97 (98), 1** ■

**Marie-Laure Durand,**
bibliste

## PARTAGE BIBLIQUE

*Environ 45 minutes*

*Une Bible ou* Prions en Église, *page 64*

## DIEU EST AMOUR (1 Jean 4, 7-10)

### Lire

Prenons le temps de lire ce beau passage de la première épître de Jean, au cœur même de la spiritualité chrétienne.

### Comprendre le texte

L'auteur de la lettre centre son enseignement sur « Dieu est amour ». Ce n'est pas une définition de Dieu, pas plus que « Dieu est lumière » (1 Jn 1, 5). L'amour n'est pas un état, mais un agir : dire que Dieu est amour, c'est affirmer que toute l'activité de Dieu est activité aimante. C'est cette activité aimante que l'auteur développe : « Voici comment l'amour de Dieu s'est manifesté parmi nous : Dieu a envoyé son Fils unique dans le monde pour que nous vivions par lui. » Il ne s'agit pas seulement de l'incarnation de la Parole, comme dans l'évangile de Jean (cf. Jn 1, 14), mais de la présence agissante du Fils dans la communauté : « Pour que nous vivions ! » Rien n'a commandé son amour, puisque, étant pécheurs, nous n'avions aucun mérite à faire valoir pour être ainsi aimés. C'est parce que l'amour vient de Dieu que « nous nous aimons les uns les autres ». « Celui qui aime est né de Dieu » : le croyant n'est pas né de Dieu parce qu'il aime, mais il aime ses frères parce qu'il a été engendré par Dieu (cf. 1 Jn 3, 1). « Il connaît Dieu » au sens du verbe connaître dans la Bible, qui implique une relation d'amour avec celui ou celle que l'on aime. C'est pourquoi celui qui n'aime pas ne connaît rien à Dieu.

## Partager

- De quelle manière puis-je dire que Dieu se manifeste dans ma vie par amour pour moi ?
- Est-ce que j'accepte d'être aimé ?
- Quels signes la communauté des croyants à laquelle j'appartiens donne-t-elle de l'amour de Dieu ?
- Qu'est-ce qui m'empêche d'aimer les autres ?
- Qu'est-ce qui me pousse à aimer les autres ?

## Prier

Nous méditons les paroles du cantique *Prenons la main que Dieu nous tend* avant de les chanter (page 264). ■

**Père Sylvain Gasser,** assomptionniste

# LUNDI 10 MAI 2021

6[E] SEMAINE DE PÂQUES COULEUR LITURGIQUE : BLANC

**Temps pascal,** *messe de la férie*
*ou* **saint Jean d'Avila**

### *Antienne d'ouverture*

**Le Christ, ressuscité des morts, ne meurt plus ;**
**sur lui la mort n'a plus aucun pouvoir, alléluia.**
(Rm 6, 9)

### *Prière*

Accorde-nous, Dieu très bon, de voir fructifier tout au long de notre vie les grâces que nous offre le temps pascal. Par Jésus Christ… ***— Amen.***

## *Lecture*

du livre des Actes des Apôtres (16, 11-15)

*« Le Seigneur lui ouvrit l'esprit pour la rendre attentive à ce que disait Paul »*

**Avec Paul, de Troas nous avons gagné le large et filé tout droit sur l'île de Samothrace, puis, le lendemain, sur Néapolis, et ensuite sur Philippes, qui est une cité du premier district de Macédoine et une colonie romaine. Nous avons passé un certain temps dans cette ville et, le jour du sabbat, nous en avons franchi la porte pour rejoindre le bord de la rivière, où nous pensions trouver un lieu de prière. Nous nous sommes assis, et nous avons parlé aux femmes qui s'étaient réunies.**

**L'une d'elles nommée Lydie, une négociante en étoffes de pourpre,**

originaire de la ville de Thyatire, et qui adorait le Dieu unique, écoutait. Le Seigneur lui ouvrit l'esprit pour la rendre attentive à ce que disait Paul. Quand elle fut baptisée, elle et tous les gens de sa maison, elle nous adressa cette invitation : « Si vous avez reconnu ma foi au Seigneur, venez donc dans ma maison pour y demeurer. » C'est ainsi qu'elle nous a forcé la main.
– Parole du Seigneur.

## *Psaume* 149

℟ ***Le Seigneur aime son peuple !***
*OU*
***Alléluia !***

Chantez au Seigneur un chant nouveau,
louez-le dans l'assemblée de ses fidèles !
En Israël, joie pour son créateur ;
dans Sion, allégresse pour son Roi ! ℟

Dansez à la louange de son nom,
jouez pour lui, tambourins et cithares !
Car le Seigneur aime son peuple,
il donne aux humbles l'éclat de la victoire. ℟

Que les fidèles exultent, glorieux,
criant leur joie à l'heure du triomphe.
Qu'ils proclament les éloges de Dieu :
c'est la fierté de ses fidèles. ℟

### *Acclamation de l'Évangile*

***Alléluia. Alléluia.*** L'Esprit de vérité rendra témoignage en ma faveur, dit le Seigneur. Et vous aussi, vous allez rendre témoignage. ***Alléluia.***

## Évangile de Jésus Christ

selon saint Jean (15, 26 – 16, 4a)

*« L'Esprit de vérité rendra témoignage en ma faveur »*

En ce temps-là, Jésus disait à ses disciples : « Quand viendra le Défenseur, que je vous enverrai d'auprès du Père, lui, l'Esprit de vérité qui procède du Père, il rendra témoignage en ma faveur. Et vous aussi, vous allez rendre témoignage, car vous êtes avec moi depuis le commencement. Je vous parle ainsi, pour que vous ne soyez pas scandalisés. On vous exclura des assemblées. Bien plus, l'heure vient où tous ceux qui vous tueront s'imagineront qu'ils rendent un culte à Dieu. Ils feront cela, parce qu'ils n'ont connu ni le Père ni moi. Eh bien, voici pourquoi je vous dis cela : quand l'heure sera venue, vous vous souviendrez que je vous l'avais dit. »

### *Prière sur les offrandes*

Accueille, Seigneur, les dons de ton Église en fête : tu es à l'origine d'un si grand bonheur, qu'il s'épanouisse en joie éternelle. Par Jésus… – ***Amen.***

*Préface du temps pascal, p. 239.*

*Antienne de la communion*
Jésus, debout au milieu
des disciples, leur dit :
« La paix soit avec vous »,
alléluia. (Jn 20, 19)

*Prière après la communion*
Regarde avec bonté, Seigneur, le peuple que tu as rénové par tes sacrements ; accorde-nous de parvenir à la résurrection bienheureuse, toi qui nous as destinés à connaître ta gloire. Par Jésus… – ***Amen.***



## INVITATION

Je demande à l'Esprit la force de pouvoir être en tout temps un témoin pour mon entourage.

## COMMENTAIRE

**N'ayons pas peur** Jean 15, 26 – 16, 4a

**L'heure est grave. Jésus cherche à rassurer ses disciples. Il leur promet d'envoyer le Défenseur, l'Esprit de vérité qui rendra témoignage. Jésus en même temps prévient ses disciples de ce qui les attend : le serviteur n'est pas plus grand que son maître, alors, comme leur maître, ils connaîtront le martyre, le témoignage par excellence. Seigneur, merci de ne pas me laisser seul, ton Esprit est avec moi, qu'il me donne la force de témoigner. ■**

***Père Gérard Naslin**, prêtre du diocèse de Nantes*

# MARDI 11 MAI 2021

6E SEMAINE DE PÂQUES COULEUR LITURGIQUE : BLANC

**Temps pascal,** *messe de la férie*

*Antienne d'ouverture*

**Soyons dans la joie, exultons, rendons grâce :
le Seigneur notre Dieu a pris possession de sa royauté,
alléluia.** (Ap 19, 7. 6)

*Prière*

Garde à ton peuple sa joie, Seigneur, toi qui refais ses forces et sa jeunesse ; tu nous as rendu la dignité de fils de Dieu, affermis-nous dans l'espérance de la résurrection. Par Jésus Christ…

***— Amen.***

## Lecture

du livre des Actes des Apôtres (16, 22-34)

*« Crois au Seigneur Jésus, et tu seras sauvé, toi et toute ta maison »*

**En ces jours-là, dans la ville de Philippes, la foule se déchaîna contre Paul et Silas. Les magistrats ordonnèrent de leur arracher les vêtements pour leur donner la bastonnade. Après les avoir roués de coups, on les jeta en prison, en donnant au geôlier la consigne de les surveiller de près. Pour appliquer cette consigne, il les mit tout au fond de la prison, avec les pieds coincés dans des blocs de bois. Vers le milieu de la**

nuit, Paul et Silas priaient et chantaient les louanges de Dieu, et les autres détenus les écoutaient. Tout à coup, il y eut un violent tremblement de terre, qui secoua les fondations de la prison : à l'instant même, toutes les portes s'ouvrirent*, et les liens de tous les détenus se détachèrent*. Le geôlier, tiré de son sommeil, vit que les portes de la prison étaient ouvertes ; croyant que les détenus s'étaient évadés, il dégaina son épée et il était sur le point de se donner la mort. Mais Paul se mit à crier d'une voix forte : « Ne va pas te faire de mal, nous sommes tous là. » Ayant réclamé de la lumière, le geôlier se précipita et, tout tremblant, se jeta aux pieds de Paul et de Silas. Puis il les emmena dehors et leur demanda : « Que dois-je faire pour être sauvé, mes seigneurs ? » Ils lui répondirent : « Crois au Seigneur Jésus, et tu seras sauvé, toi et toute ta maison. » Ils lui annoncèrent la parole du Seigneur, ainsi qu'à tous ceux qui vivaient dans sa maison. À l'heure même, en pleine nuit, le geôlier les emmena pour laver leurs plaies. Aussitôt, il reçut le baptême avec tous les siens. Puis il fit monter chez lui Paul et Silas, il fit préparer la table et, avec toute sa maison, il laissa déborder sa joie de croire en Dieu.

– Parole du Seigneur.

## *Psaume* 137 (138)

℟ ***Ta main droite me sauve, Seigneur.***
OU ***Alléluia !***

De tout mon cœur, Seigneur, je te rends grâce :
tu as entendu les paroles de ma bouche.

Je te chante en présence des anges,
vers ton temple sacré, je me prosterne. ℟

Je rends grâce à ton nom
pour ton amour et ta vérité,
car tu élèves, au-dessus de tout,
ton nom et ta parole.
Le jour où tu répondis à mon appel,
tu fis grandir en mon âme la force. ℟

Ta droite me rend vainqueur.
Le Seigneur fait tout pour moi !
Seigneur, éternel est ton amour :
n'arrête pas l'œuvre de tes mains. ℟

### *Acclamation de l'Évangile*

***Alléluia. Alléluia.*** Je vous enverrai l'Esprit de vérité, dit le Seigneur ; il vous conduira dans la vérité tout entière. ***Alléluia.***

## *Évangile de Jésus Christ*

selon saint Jean (16, 5-11)

*« Si je ne m'en vais pas, le Défenseur ne viendra pas à vous »*

En ce temps-là, Jésus disait à ses disciples : « Je m'en vais maintenant auprès de Celui qui m'a envoyé, et aucun de vous ne me demande : "Où vas-tu ?" Mais, parce que je vous dis cela, la tristesse remplit votre cœur. Pourtant, je vous dis la vérité : il vaut mieux pour vous que je m'en aille, car, si je ne m'en vais pas, le Défenseur ne viendra pas à vous ; mais si je pars, je vous l'enverrai. Quand il viendra, il établira la culpabilité du monde en matière de péché, de justice et de jugement. En matière de péché, puisqu'on ne croit pas en moi. En matière de justice, puisque je m'en vais auprès du Père, et que vous ne me verrez plus. En matière de jugement, puisque déjà le prince de ce monde est jugé. »

### *Prière sur les offrandes*

Donne-nous, Seigneur, de te rendre grâce toujours par ces mystères de Pâques ; ils continuent en nous ton œuvre de rédemption, qu'ils nous soient une source intarissable de joie. Par Jésus… — ***Amen.***

*Préface du temps pascal, p. 239.*

### *Antienne de la communion*

Il fallait que le Christ connaisse
la souffrance et ressuscite
d'entre les morts pour entrer
dans sa gloire, alléluia.
(cf. Lc 24, 46. 26)

### *Prière après la communion*

Écoute nos prières, Seigneur : que cet échange mystérieux où l'homme est racheté nous soutienne durant la vie présente et nous apporte les joies éternelles. Par Jésus… — ***Amen.***



## INVITATION

Je souligne dans les textes du jour une phrase à méditer.
Elle m'accompagnera tout au long de ma journée.

## COMMENTAIRE

### Joyeuse présence

Jean 16, 5-11

On comprend la tristesse des Apôtres, Jésus leur parle de départ, que vont-ils devenir ? Son départ n'est pas un abandon, c'est l'assurance d'une autre présence, celle du Défenseur, celui qui prend la parole quand on ne trouve plus les mots ou que l'on n'a pas la force de les dire. Leur tristesse se changera en joie, ils se rappelleront la parole de leur Maître : « Je serai avec vous tous les jours jusqu'à la fin du monde. » Seigneur, viens changer ma tristesse en joie avec l'assurance que tu es toujours avec moi. ■

***Père Gérard Naslin**, prêtre du diocèse de Nantes*

## ❊ CLÉ DE LECTURE

### « S'ouvrirent [...] se détachèrent »

Actes 16, 26 *(p. 81)*

Dans ce récit qui mêle des éléments merveilleux à la responsabilité concrète et à la vie familiale d'un geôlier romain, tout concourt à offrir au lecteur une catéchèse chrétienne. Il est d'abord fait état d'un « grand séisme », bouleversement profond des corps et des cœurs, image connue de la manifestation de Dieu et de l'intervention de l'Esprit. Les portes s'ouvrent, les liens se détachent : tous sont libérés de leurs enfermements extérieurs et intérieurs, des liens de la mort et de ceux du péché. Il n'est demandé au gardien de prison que de croire au Seigneur Jésus. Le salut offert est déjà mis en œuvre dans la libération et l'accueil des prisonniers, mais aussi dans le baptême reçu et le repas partagé dans la joie, signe de la vie nouvelle. ■

***Roselyne Dupont-Roc**, bibliste*

# MERCREDI 12 MAI 2021

6ᴱ SEMAINE DE PÂQUES COULEUR LITURGIQUE : BLANC

**Temps pascal,** *messe de la férie*
*ou* **saint Pancrace** *ou* **saints Nérée et Achille**

9 - 15

### *Antienne d'ouverture*

**Je te louerai, Seigneur, parmi les peuples,**
**j'annoncerai ton nom à mes frères, alléluia.**
(Ps 17, 50 ; 21, 23)

### *Prière*

Puisque nous célébrons dans la foi, Seigneur, la résurrection de ton Fils, fais-nous partager la joie de tous les saints quand il apparaîtra sur les nuées du ciel. Lui qui… ***— Amen.***

## *Lecture*

du livre des Actes des Apôtres (17, 15. 22 – 18, 1)

*« Ce que vous vénérez sans le connaître, voilà ce que, moi, je viens vous annoncer »*

En ces jours-là, ceux qui escortaient Paul le conduisirent jusqu'à Athènes. Puis ils s'en retournèrent, porteurs d'un message, avec l'ordre, pour Silas et Timothée, de rejoindre Paul le plus tôt possible. Alors Paul, debout au milieu de l'Aréopage, fit ce discours : « Athéniens, je peux observer que vous êtes, en toutes choses, des hommes particulièrement religieux. En effet, en me promenant et en observant vos monuments sacrés, j'ai même trouvé un autel avec cette inscription : "Au dieu inconnu." Or, ce que vous vénérez sans le connaître, voilà ce que, moi, je viens vous annoncer. Le Dieu qui a fait le monde et tout ce qu'il contient, lui qui est Seigneur du ciel et de la terre, n'habite pas des sanctuaires faits de main d'homme; il n'est pas non plus servi par des mains humaines, comme s'il avait besoin de quoi que ce soit, lui qui donne à tous la vie, le souffle et tout le nécessaire. À partir d'un seul homme, il a fait tous les peuples pour qu'ils habitent sur toute la surface de la terre, fixant les moments de leur histoire et les limites de leur habitat; Dieu les a faits pour qu'ils le cherchent et, si possible, l'atteignent et le trouvent, lui qui, en fait, n'est pas loin de chacun de nous. Car c'est en lui que nous avons la vie, le mouvement et l'être. Ainsi l'ont également dit certains de vos poètes : *Nous sommes de sa descendance.* Si donc nous sommes de la descendance de Dieu, nous ne devons pas penser que la divinité est pareille à une statue d'or, d'argent ou de pierre sculptée par l'art et l'imagination de l'homme. Et voici que Dieu, sans tenir compte des temps où les hommes l'ont ignoré, leur enjoint maintenant de se convertir, tous et partout. En effet, il a fixé le jour où il va juger la terre avec justice, par un homme qu'il a établi pour cela, quand il l'a accrédité auprès de tous en le ressuscitant d'entre les morts. » Quand ils entendirent parler de résurrection des morts, les uns se moquaient, et les autres déclarèrent : « Là-dessus nous t'écouterons une autre fois. » C'est ainsi que Paul, se retirant du milieu d'eux, s'en alla. Cependant quelques hommes s'attachèrent à lui et devinrent croyants. Parmi eux, il y avait Denys, membre de l'Aréopage, et une femme nommée Damaris, ainsi que d'autres avec eux. Après cela, Paul s'éloigna d'Athènes et se rendit à Corinthe.

– Parole du Seigneur.

## *Psaume* 148

℟ ***Le ciel et la terre sont remplis de ta gloire.***

*OU*

***Alléluia !***

Louez le Seigneur du haut des cieux,
louez-le dans les hauteurs.
Vous, tous ses anges, louez-le,
louez-le, tous les univers. ℟

Les rois de la terre et tous les peuples,
les princes et tous les juges de la terre ;
tous les jeunes gens et jeunes filles,
les vieillards comme les enfants. ℟

Qu'ils louent le nom du Seigneur,
le seul au-dessus de tout nom ;
sur le ciel et sur la terre, sa splendeur :
louange de tous ses fidèles ! ℟



### *Acclamation de l'Évangile*

**Alléluia. Alléluia.** Moi, je prierai le Père, et il vous donnera un autre Défenseur qui sera pour toujours avec vous. **Alléluia.**

## *Évangile de Jésus Christ*

selon saint Jean (16, 12-15)

*« L'Esprit de vérité vous conduira dans la vérité tout entière »*

**En ce temps-là, Jésus disait à ses disciples : « J'ai encore beaucoup de choses à vous dire, mais pour l'instant vous ne pouvez pas les porter. Quand il viendra, lui, l'Esprit de vérité, il vous conduira dans la vérité tout entière. En effet, ce qu'il dira ne viendra pas de lui-même : mais ce**

qu'il aura entendu, il le dira ; et ce qui va venir, il vous le fera connaître. Lui me glorifiera, car il recevra ce qui vient de moi pour vous le faire connaître. Tout ce que possède le Père est à moi ; voilà pourquoi je vous ai dit : L'Esprit reçoit* ce qui vient de moi pour vous le faire connaître. »

### *Prière sur les offrandes*

Seigneur notre Dieu, dans l'admirable échange du sacrifice eucharistique, tu nous fais participer à ta propre nature divine : puisque nous avons la connaissance de ta vérité, accorde-nous de lui être fidèles par toute notre vie. Par Jésus… ***— Amen.***

*Préface du temps pascal, p. 239.*

### *Antienne de la communion*

« Je vous ai choisis, je vous ai pris dans le monde, dit le Seigneur, afin que vous partiez, que vous donniez du fruit et que votre fruit demeure », alléluia. (Jn 15, 19. 16)

### *Prière après la communion*

Dieu très bon, reste auprès de ton peuple, car sans toi notre vie tombe en ruine ; fais passer à une vie nouvelle ceux que tu as initiés aux sacrements de ton royaume. Par Jésus… ***— Amen.***

## INVITATION

On fête aujourd'hui Nérée et Achille, martyrs de Rome.
Je peux prier pour les martyrs, ceux d'hier et ceux d'aujourd'hui.

## COMMENTAIRE

### Qui nous dira la vérité ?

Jean 16, 12-15

Que de vie ! que de connaissances offertes par Dieu Père, Fils et Esprit ! L'Esprit reçoit du Fils qui tient lui-même du Père tout ce qu'il possède. Jésus a beaucoup enseigné ses apôtres, mais ils ne sont pas encore prêts à tout comprendre. C'est l'Esprit qui les ouvrira à la Vérité tout entière. Dieu est relation d'amour pour que nous aimions comme lui nous aime. Esprit Saint, fais moi connaître la vérité qui rend libre. ■

***Père Gérard Naslin**, prêtre du diocèse de Nantes*



## ✲ CLÉ DE LECTURE

### « Reçoit »

Jean 16, 15 *(p. 88)*

Le théologien Karl Rahner parle de façon difficile mais éclairante de « Trinité économique », autrement dit Dieu révèle qui il est dans sa façon d'être en « relation ». Ce texte le dit mieux que tout autre : Dieu est Père qui donne tout ce qu'il est au Fils et celui-ci donne aux êtres humains son Esprit. Dieu est don et partage, en ce qu'il est échange d'amour entre le Père, le Fils et l'Esprit, et par ce qu'il ne cesse de faire : donner l'Esprit du Fils à chaque être humain pour le conduire jusqu'à lui. Dieu ne cesse de « sortir » vers nous : recevant sa force, son Esprit, nous deviendrons capables de marcher vers la vérité, ce don parfait de soi qui est celui du Christ, en vivant à notre tour dans un don et une sortie de nous-mêmes vers les autres. ■

*Roselyne Dupont-Roc, bibliste*

# JEUDI 13 MAI 2021

## ASCENSION DU SEIGNEUR

**ANNÉE B COULEUR LITURGIQUE : BLANC**

© Catherine Chion

**Jésus a parcouru la terre des hommes.** Il est mort et ressuscité. Il monte au ciel. Il reviendra. Que son mouvement nous fasse sortir de la passivité : entrons dans sa danse d'espérance ! « Allez… Proclamez… », crie l'évangéliste. Le Christ n'est pas absent de nos vies : il est là, à chaque instant. Laissons-le transformer nos sentiments, nos paroles et nos actes !

## OUVERTURE DE LA CÉLÉBRATION

### *Chant d'entrée* *(Suggestions p. 261)*

*OU*

### *Antienne d'ouverture*

Au jour de l'Ascension, les anges ont dit aux Apôtres :
« Hommes de Galilée, pourquoi restez-vous là
à regarder vers le ciel ? Jésus, qui a été enlevé du milieu de vous,
reviendra de la même manière que vous l'avez vu s'en aller au ciel »,
alléluia. (Ac 1, 11)

### *Suggestion de préparation pénitentielle* *(ou p. 232)*

Fort est l'amour du Seigneur pour qui le craint. Tournons-nous vers lui avec confiance et reconnaissons que nous sommes pécheurs.

Seigneur Jésus, toi qui promets d'envoyer l'Esprit pour éclairer nos pas, prends pitié de nous.

***— Prends pitié de nous.***

Ô Christ, toi qui es présent à jamais sur nos routes d'humanité, prends pitié de nous.

***— Prends pitié de nous.***

Seigneur, toi qui donnes à chaque homme la grâce dont il a besoin, prends pitié de nous.

***— Prends pitié de nous.***

Que Dieu tout-puissant nous fasse miséricorde ; qu'il nous pardonne nos péchés et nous conduise à la vie éternelle. ***— Amen.***

*Gloire à Dieu* *(p. 234)*

*Prière*
Dieu qui élèves le Christ au-dessus de tout, ouvre-nous à la joie et à l'action de grâce, car l'Ascension de ton Fils est déjà notre victoire : nous sommes les membres de son corps, il nous a précédés dans la gloire auprès de toi, et c'est là que nous vivons en espérance. Par Jésus Christ… ***— Amen.***

## LITURGIE DE LA PAROLE

***Lecture*** du livre des Actes des Apôtres (1, 1-11)

*« Tandis que les Apôtres le regardaient, il s'éleva »*

**Cher Théophile, dans mon premier livre j'ai parlé de tout ce que Jésus a fait et enseigné depuis le moment où il commença, jusqu'au jour où il fut enlevé au ciel, après avoir, par l'Esprit Saint, donné ses instructions aux Apôtres qu'il avait choisis. C'est à eux qu'il s'est présenté vivant après sa Passion ; il leur en a donné bien des preuves, puisque, pendant quarante jours, il leur est apparu et leur a parlé du royaume de Dieu.**
**Au cours d'un repas qu'il prenait avec eux, il leur donna l'ordre de ne pas quitter Jérusalem, mais d'y attendre que s'accomplisse la promesse du Père. Il déclara : « Cette promesse, vous l'avez entendue de ma bouche : alors que Jean a baptisé avec l'eau, vous, c'est**

dans l'Esprit Saint que vous serez baptisés d'ici peu de jours. » Ainsi réunis, les Apôtres l'interrogeaient : « Seigneur, est-ce maintenant le temps où tu vas rétablir le royaume pour Israël ? » Jésus leur répondit : « Il ne vous appartient pas de connaître les temps et les moments que le Père a fixés de sa propre autorité. Mais vous allez recevoir une force quand le Saint-Esprit viendra sur vous ; vous serez alors mes témoins à Jérusalem, dans toute la Judée et la Samarie, et jusqu'aux extrémités de la terre. »
Après ces paroles, tandis que les Apôtres le regardaient, il s'éleva, et une nuée vint le soustraire à leurs yeux. Et comme ils fixaient encore le ciel où Jésus s'en allait, voici que, devant eux, se tenaient deux hommes en vêtements blancs, qui leur dirent : « Galiléens, pourquoi restez-vous là à regarder vers le ciel ? Ce Jésus qui a été enlevé au ciel d'auprès de vous, viendra de la même manière que vous l'avez vu s'en aller vers le ciel. »
– Parole du Seigneur.

## *Psaume* 46 (47)

# "Dieu s'élève parmi les ovations, le Seigneur, aux éclats du cor."

## *Psaume* 46 (47)

℟ ***Dieu s'élève parmi les ovations, le Seigneur, aux éclats du cor.***
OU ***Alléluia !***

*T. : AELF; M. : A. Gouzes; Éd. : Bayard.*

Tous les peuples, battez des mains,
acclamez Dieu par vos cris de joie !
Car le Seigneur est le Très-Haut, le redoutable,
le grand roi sur toute la terre. ℟

Dieu s'élève parmi les ovations,
le Seigneur, aux éclats du cor.
Sonnez pour notre Dieu, sonnez,
sonnez pour notre roi, sonnez ! ℟

Car Dieu est le roi de la terre,
que vos musiques l'annoncent !
Il règne, Dieu, sur les païens,
Dieu est assis sur son trône sacré. ℟

**Lecture** de la lettre de saint Paul apôtre aux Éphésiens (4, 1-13)

*Lecture brève : Ep 4, 1-7. 11-13*

*« Parvenir à la stature du Christ dans sa plénitude »*

**Frères, moi qui suis en prison à cause du Seigneur, je vous exhorte donc à vous conduire d'une manière digne de votre vocation : ayez beaucoup d'humilité, de douceur et de patience, supportez-vous les uns les autres avec amour ; ayez soin de garder l'unité dans l'Esprit par le lien de la paix. Comme votre vocation vous a tous appelés à une seule espérance, de même il y a un seul Corps et un seul Esprit. Il y a un seul Seigneur, une seule foi, un seul baptême, un seul Dieu et Père de tous, au-dessus de tous, par tous, et en tous. À chacun d'entre nous, la grâce a été donnée selon la mesure du don fait par le Christ.**

*Arrêt de la lecture brève*

**C'est pourquoi l'Écriture dit : *Il est monté sur la hauteur, il a capturé des captifs, il a fait des dons aux hommes.* Que veut dire : *Il est monté ?* – Cela veut dire qu'il était d'abord descendu dans les régions inférieures de la terre. Et celui qui était descendu est le même qui est monté au-dessus de tous les cieux pour remplir l'univers.**

*Reprise de la lecture brève*

Et les *dons qu'il a faits*, ce sont les Apôtres, et aussi les prophètes, les évangélisateurs, les pasteurs et ceux qui enseignent. De cette manière, les fidèles sont organisés pour que les tâches du ministère soient accomplies et que se construise le corps du Christ, jusqu'à ce que nous parvenions tous ensemble à l'unité dans la foi et la pleine connaissance du Fils de Dieu, à l'état de l'Homme parfait, à la stature du Christ dans sa plénitude. – Parole du Seigneur.

## Acclamation de l'Évangile

***Alléluia. Alléluia.*** Allez ! De toutes les nations faites des disciples, dit le Seigneur. Moi, je suis avec vous tous les jours jusqu'à la fin du monde. ***Alléluia.***

*U 76-98; M. : P. Robert; ADF-Musique.*

## *Évangile de Jésus Christ* selon saint Marc (16, 15-20)

*« Jésus fut enlevé au ciel et s'assit à la droite de Dieu »*

En ce temps-là, Jésus ressuscité se manifesta aux onze Apôtres et leur dit : « Allez dans le monde entier. Proclamez l'Évangile à toute la création. Celui qui croira et sera baptisé sera sauvé ; celui qui refusera de croire sera condamné. Voici les signes qui accompagneront ceux qui deviendront croyants : en mon nom, ils expulseront les démons ; ils parleront en langues nouvelles ; ils prendront des serpents dans leurs mains et, s'ils boivent un poison mortel, il ne leur fera pas de mal ; ils imposeront les mains aux malades, et les malades s'en trouveront bien. »
Le Seigneur Jésus, après leur avoir parlé, fut enlevé au ciel et s'assit à la droite de Dieu. Quant à eux, ils s'en allèrent proclamer partout l'Évangile. Le Seigneur travaillait avec eux et confirmait la Parole par les signes qui l'accompagnaient.

### *Homélie*

### *Profession de foi* *(p. 235)*

## *Suggestion de prière universelle*

*Le prêtre :*

Levons nos yeux vers le Christ qui est à nos côtés pour toujours.

℟ ***Jésus, Sauveur du monde, écoute et prends pitié.***

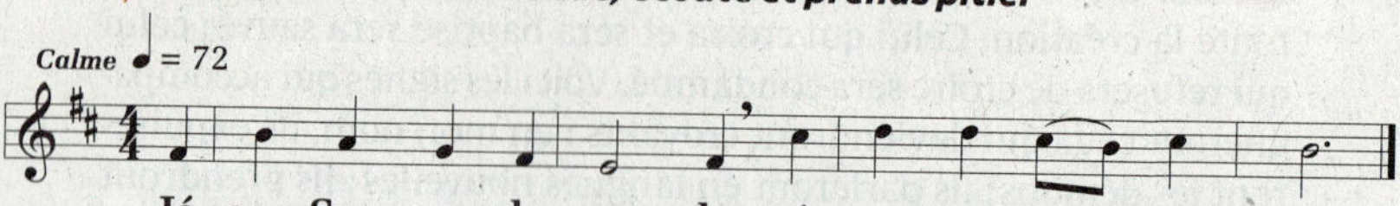


**Jé - sus, Sau-veur du mon - de, é-coute et prends pi - tié.**

*A 180, Éd. Pierre Lethielleux ; T. : J.-P. Lécot ; M. : choral allemand (1601).*

*Le diacre ou un lecteur :*

Pour que tes disciples à travers le monde aient soin de garder l'unité par le lien de la paix, Seigneur, nous te prions. ℟

Pour que l'humilité, la douceur et la patience soient le ciment des relations entre les personnes, en famille, au travail, dans la société, Seigneur, nous te prions. ℟

Pour que l'espérance d'un monde meilleur suscite de multiples engagements en faveur de la solidarité, du partage et de la justice, Seigneur, nous te prions. ℟

Pour que les responsables financiers travaillent avec les gouvernements pour réguler les marchés et protéger les citoyens contre leurs dangers, avec le pape François, Seigneur, nous te prions. ℟

*(Ces intentions seront adaptées ou modifiées selon les circonstances.)*

*Le prêtre :*
Seigneur, qui nous renouvelles dans l'espérance, exauce les prières que nous t'adressons avec confiance. Nous te le demandons à toi qui règnes pour les siècles des siècles. ***– Amen.***

## LITURGIE EUCHARISTIQUE

### *Prière sur les offrandes*
Seigneur, nous te présentons humblement ce sacrifice pour fêter l'Ascension de ton Fils auprès de toi : que cet échange mystérieux nous fasse vivre avec le Christ ressuscité. Lui qui… ***– Amen.***

### *Prière eucharistique* *(Préface de l'Ascension p. 240)*

### *Chant de communion* *(Suggestions p. 261)*
*OU*
### *Antienne de la communion*
« Je suis avec vous tous les jours, dit le Seigneur Jésus, jusqu'à la fin des temps », alléluia. (Mt 28, 20)

### *Prière après la communion*
Dieu qui nous donnes les biens du ciel alors que nous sommes encore sur la terre, mets en nos cœurs un grand désir de vivre avec le Christ en qui notre nature humaine est déjà près de toi. Lui qui… ***– Amen.***

## CONCLUSION DE LA CÉLÉBRATION

### *Bénédiction solennelle*

Que le Seigneur tout-puissant vous bénisse : il élève aujourd'hui son Fils dans la gloire et vous ouvre ainsi le chemin du ciel.

***– Amen.***

Après sa résurrection d'entre les morts, Jésus s'est manifesté tout proche de ses disciples : qu'il ait pour vous un visage de paix quand il viendra juger le monde.

***– Amen.***

Vous savez qu'il est assis à la droite du Père ; mais cherchez-le, trouvez-le aussi près de vous, jusqu'à la fin, comme il l'a promis.

***– Amen.***

Et que Dieu tout-puissant vous bénisse, le Père, et le Fils ✠ et le Saint-Esprit.

***– Amen.***

### *Envoi*

**COMMENTAIRE DU JEUDI DE L'ASCENSION**

**Père Tommy Scholtes,** jésuite, *Prions en Église* Belgique

# À force de regarder vers le ciel

Les Apôtres sont de vrais humains, heureusement pour nous. Jésus leur a donné toutes les preuves : ils ont tout partagé avec lui, ils ont reçu de lui expériences spirituelles et humaines. Ils l'ont suivi dans sa Passion et sa Résurrection. Il leur est apparu pendant quarante jours, et il leur a parlé du Royaume. À ce moment-là, ils n'ont pas eu d'autre question que : « Est-ce aujourd'hui que tu vas rétablir le royaume pour Israël ? » La réponse de Jésus est forte : « Vous allez recevoir une force quand le Saint-Esprit viendra sur vous et vous serez mes témoins. »

Les humains que nous sommes attendent tant de Dieu mais peut-être pas du royaume de Dieu. Nous regardons si souvent vers le ciel comme l'origine de tous les changements et améliorations. Alors que Jésus nous donne la force d'accomplir par son Esprit les changements en son nom. Il va nous inspirer au •••

••• sens le plus fort du terme. Et il nous guidera. Paul nous rappelle le baptême et le repas. Marc rappelle que le Seigneur travaille avec nous et nous confirme par les signes qui l'accompagnent. Tous les dons sont donnés pour que nous construisions le corps du Christ, son Église.

Alors, allons-y, et pas uniquement autour de nous, mais dans le monde entier, à toutes les périphéries comme dirait le pape François. C'est toute la Création qui attend notre engagement au service du Créateur pour qu'avec saint François d'Assise, nous puissions dire : *« Laudato Si' ».*

Est-ce que j'accepte de recevoir les dons que le Seigneur me fait, pour qu'à mon tour je sois le témoin de sa vie, de son amour, de son pardon, au service les uns des autres dans l'Église ?

Si la Création est en attente, à nous de répondre à travers la construction et le respect de la « Maison commune ». Des idées sur ce que je peux faire ? ■

# VENDREDI 14 MAI 2021

COULEUR LITURGIQUE : ROUGE

**Saint Matthias**

*(Ier siècle). Apôtre du Seigneur. Il fut élu pour compléter le collège des Douze après la trahison de Judas.*

9 - 15

*Antienne d'ouverture*

**« Ce n'est pas vous qui m'avez choisi, dit le Seigneur, c'est moi qui vous ai choisis, je vous ai mis à cette place afin que vous partiez, que vous donniez du fruit et que votre fruit demeure », alléluia.** (Jn 15, 16)

*Gloire à Dieu* (p. 234)

*Prière*

Dieu qui as choisi saint Matthias pour compléter le collège des Apôtres, accorde-nous, à sa prière, puisque ton amour nous appelle, d'être un jour au nombre des élus. Par Jésus Christ… — ***Amen.***

*Lectures propres à la fête de saint Matthias.*

## Lecture

du livre des Actes des Apôtres (1, 15-17. 20-26)

*« Le sort tomba sur Matthias, qui fut donc associé par suffrage aux onze Apôtres »*

**En ces jours-là, Pierre se leva au milieu des frères qui étaient réunis au nombre d'environ cent vingt personnes, et il déclara : « Frères, il fallait que l'Écriture s'accomplisse. En effet, par la bouche de David,**

l'Esprit Saint avait d'avance parlé de Judas, qui en est venu à servir de guide aux gens qui ont arrêté Jésus : ce Judas était l'un de nous et avait reçu sa part de notre ministère. Il est écrit au livre des Psaumes : *Que son domaine devienne un désert, et que personne n'y habite,* et encore : *Qu'un autre prenne sa charge.* Or, il y a des hommes qui nous ont accompagnés durant tout le temps où le Seigneur Jésus a vécu parmi nous, depuis le commencement, lors du baptême donné par Jean, jusqu'au jour où il fut enlevé d'auprès de nous. Il faut donc que l'un d'entre eux devienne, avec nous, témoin de sa résurrection. » On en présenta deux : Joseph appelé Barsabbas, puis surnommé Justus, et Matthias. Ensuite, on fit cette prière : « Toi, Seigneur, qui connais tous les cœurs, désigne lequel des deux tu as choisi pour qu'il prenne, dans le ministère apostolique, la place que Judas a désertée en allant à la place qui est désormais la sienne. » On tira au sort entre eux, et le sort tomba sur Matthias, qui fut donc associé par suffrage aux onze Apôtres.
– Parole du Seigneur.

## *Psaume* 112 (113)

℟ ***Le Seigneur l'a placé parmi les princes de son peuple.***
*OU* ***Alléluia.***

Louez, serviteurs du Seigneur,
louez le nom du Seigneur !
Béni soit le nom du Seigneur,
maintenant et pour les siècles des siècles ! ℟

Du levant au couchant du soleil,
loué soit le nom du Seigneur !
Le Seigneur domine tous les peuples,
sa gloire domine les cieux. ℟

Qui est semblable au Seigneur notre Dieu ?
Lui, il siège là-haut.
Mais il abaisse son regard
vers le ciel et vers la terre. ℟

De la poussière il relève le faible,
il retire le pauvre de la cendre
pour qu'il siège parmi les princes,
parmi les princes de son peuple. ℟

*Acclamation de l'Évangile*

***Alléluia. Alléluia.*** C'est moi qui vous ai choisis du milieu du monde, afin que vous alliez, que vous portiez du fruit, et que votre fruit demeure, dit le Seigneur. ***Alléluia.***



## *Évangile de Jésus Christ*

selon saint Jean (15, 9-17)

*« Ce n'est pas vous qui m'avez choisi, c'est moi qui vous ai choisis »*

En ce temps-là, Jésus disait à ses disciples : « Comme le Père m'a aimé, moi aussi je vous ai aimés. Demeurez dans mon amour. Si vous gardez mes commandements, vous demeurerez dans mon amour, comme moi, j'ai gardé les commandements de mon Père, et je demeure dans son amour. Je vous ai dit cela pour que ma joie soit en vous, et que votre joie soit parfaite. Mon commandement*, le voici : Aimez-vous les uns les autres comme je vous ai aimés. Il n'y a pas de plus grand amour que de donner sa vie pour ceux qu'on aime. Vous êtes mes amis si vous faites ce que je vous commande. Je ne vous appelle plus serviteurs, car le serviteur ne sait pas ce que fait son maître ; je vous appelle mes amis, car tout ce que j'ai entendu de mon Père, je vous l'ai fait connaître. Ce n'est pas vous qui m'avez choisi, c'est moi qui vous ai choisis et établis afin que vous alliez, que vous portiez du fruit, et que votre fruit demeure. Alors, tout ce que vous demanderez au Père en mon nom, il vous le donnera. Voici ce que je vous commande : c'est de vous aimer les uns les autres. »

## *Prière sur les offrandes*

Reçois l'offrande que ton Église te présente, Seigneur, pour la fête de saint Matthias, et donne-nous d'y puiser plus de force et de vigueur. Par Jésus…

***— Amen.***

*Préface des Apôtres, p. 242.*

## *Antienne de la communion*

« Voici mon commandement,
dit le Seigneur : aimez-vous
les uns les autres comme je vous
ai aimés », alléluia.
(Jn 15, 12)

## *Prière après la communion*

Ne cesse pas, Seigneur, de nous combler de tes dons : accorde-nous, à la prière de saint Matthias, d'avoir part à l'héritage des saints dans la lumière. Par Jésus… ***— Amen.***

## INVITATION

C'est le Seigneur qui m'a choisi.
Je rends grâce pour les missions qu'il m'a confiées.

## COMMENTAIRE

### Une question de fidélité

Jean 15, 9-17

Pour Jésus, la relation est toujours une question de fidélité, telle sa relation avec son Père, avec qui il ne fait qu'un. Faire la volonté de son Père, c'est lui manifester son amour et proclamer en même temps que cette volonté est toujours une volonté d'amour : Dieu ne peut que vouloir aimer et être aimé. Seigneur, tu es l'ami qui me comble de joie, encore faut-il que j'aime et que je sois fidèle. ■

***Père Gérard Naslin**, prêtre du diocèse de Nantes*



## ❊ CLÉ DE LECTURE

### « Mon commandement »

Jean 15, 12 *(p. 105)*

Le mot « commandement » est l'un des plus fréquents du vocabulaire de la Loi. Mais il y a là comme une contradiction ou un paradoxe : peut-on commander d'aimer ? Une exigence irréalisable, qui risque d'acculer au désespoir. Or, l'Écriture propose plusieurs voies d'approche. D'abord la Règle d'or (« ne fais pas à autrui ce que tu ne voudrais pas qu'on te fasse »), citée par Matthieu et Luc sous sa forme positive : « fais à autrui tout ce que tu voudrais qu'on fasse pour toi ». Ensuite l'emploi d'un vocabulaire qui est celui de la prédilection (« agapô », « agapè »), et qui peut aussi renvoyer à l'idée de « respect ». Enfin, le Christ qui nous a aimés jusqu'à donner sa vie vient rejoindre notre incapacité, pour que son Esprit nous apprenne comment aimer. ■

***Roselyne Dupont-Roc**, bibliste*

# SAMEDI 15 MAI 2021

**6E SEMAINE DE PÂQUES COULEUR LITURGIQUE : BLANC**

**Temps pascal,** *messe de la férie*

*Antienne d'ouverture*

**Nous sommes le peuple qui appartient à Dieu ;**
**nous sommes chargés d'annoncer les merveilles**
**de celui qui nous a appelés des ténèbres**
**à son admirable lumière, alléluia.**
(cf. 1 P 2, 9)

*Prière*

Avant de s'en aller près de toi, notre Père, ton Fils promit aux Apôtres l'Esprit Saint ; ils ont reçu de toi des grâces innombrables qui leur ont fait connaître les choses d'en haut, répands maintenant sur nous les mêmes dons de l'Esprit. Par Jésus Christ… — ***Amen.***

## Lecture

du livre des Actes des Apôtres (18, 23-28)

*« Apollos démontrait par les Écritures que le Christ, c'est Jésus »*

**Après avoir passé quelque temps à Antioche, Paul partit. Il parcourut successivement le pays galate et la Phrygie, en affermissant tous les disciples. Or, un Juif nommé Apollos, originaire d'Alexandrie, venait d'arriver à Éphèse. C'était un homme éloquent, versé dans les Écritures.**

Il avait été instruit du Chemin du Seigneur ; dans la ferveur de l'Esprit, il parlait et enseignait avec précision ce qui concerne Jésus, mais, comme baptême, il ne connaissait que celui de Jean le Baptiste. Il se mit donc à parler avec assurance à la synagogue. Quand Priscille et Aquila l'entendirent, ils le prirent à part et lui exposèrent avec plus de précision le Chemin de Dieu. Comme Apollos voulait se rendre en Grèce, les frères l'y encouragèrent, et écrivirent aux disciples de lui faire bon accueil. Quand il fut arrivé, il rendit de grands services à ceux qui étaient devenus croyants par la grâce de Dieu. En effet, avec vigueur il réfutait publiquement les Juifs, en démontrant par les Écritures que le Christ, c'est Jésus.

– Parole du Seigneur.



## *Psaume* 46 (47)

℟ ***Dieu est le roi de toute la terre.***
*ou* ***Alléluia !***

Tous les peuples, battez des mains,
acclamez Dieu par vos cris de joie !
Car le Seigneur est le Très-Haut,
le redoutable,
le grand roi sur toute la terre. ℟

Car Dieu est le roi de la terre :
que vos musiques l'annoncent !
Il règne, Dieu, sur les païens,
Dieu est assis sur son trône sacré. ℟

Les chefs des peuples se sont
rassemblés :
c'est le peuple du Dieu d'Abraham.
Les princes de la terre sont à Dieu
qui s'élève au-dessus de tous. ℟

### *Acclamation de l'Évangile*

***Alléluia. Alléluia.*** Je suis sorti du Père, et je suis venu dans le monde ; maintenant, je quitte le monde, et je pars vers le Père. ***Alléluia.***

## *Évangile de Jésus Christ*

selon saint Jean (16, 23b-28)

*« Le Père lui-même vous aime, parce que vous m'avez aimé et vous avez cru »*

En ce temps-là, Jésus disait à ses disciples : « Amen, amen, je vous le dis : ce que vous demanderez au Père en mon nom, il vous le donnera. Jusqu'à présent vous n'avez rien demandé en mon nom ; demandez, et vous recevrez : ainsi votre joie sera parfaite. « En disant cela, je vous ai parlé en images. L'heure vient où je vous parlerai sans images, et vous annoncerai ouvertement ce qui concerne le Père. Ce jour-là, vous demanderez en mon nom ; or, je ne vous dis pas que moi, je prierai le Père pour vous, car le Père lui-même vous aime, parce que vous m'avez aimé et vous avez cru que c'est de Dieu que je suis sorti. Je suis sorti du Père, et je suis venu dans le monde ; maintenant, je quitte le monde, et je pars vers le Père.

### *Prière sur les offrandes*

Dans ta bonté, Seigneur, sanctifie ces dons ; accepte le sacrifice spirituel de cette eucharistie, et fais de nous-mêmes une éternelle offrande à ta gloire. Par Jésus…

***— Amen.***

*Préface de l'Ascension, p. 240.*

### *Antienne de la communion*

Jésus priait ainsi :
« Père, ceux que tu m'as donnés,
je veux que là où je suis
eux aussi soient avec moi,
et qu'ils contemplent la gloire
que tu m'as donnée », alléluia.
(Jn 17, 24)

### *Prière après la communion*

Nous venons de communier, Seigneur, au don sacré du corps et du sang de ton Fils, et nous te prions humblement : que cette eucharistie, offerte en mémoire de lui, comme il nous a dit de le faire, augmente en nous la charité. Par Jésus… — ***Amen.***



## INVITATION

Demain, c'est la Journée mondiale des communications sociales. Je lis le message du pape sur www.prionseneglise.fr/communications-sociales

## COMMENTAIRE

**Prions par Jésus Christ…** Jean 16, 23b-28

**Jésus a tenu parole : il est avec nous tous les jours jusqu'à la fin du monde. Nous pouvons donc, en son nom, nous adresser au Père. Prions avec cette assurance : le Père nous aime parce que nous aimons le Fils et croyons en lui. Seigneur Jésus, avant d'accomplir un miracle, tu levais les yeux vers ton Père, écoute ma prière et intercède pour moi auprès de lui.** ■ ***Père Gérard Naslin**, prêtre du diocèse de Nantes*

# DIMANCHE 16 MAI 2021

## 7e DIMANCHE DE DIMANCHE DE PÂQUES

**ANNÉE B COULEUR LITURGIQUE : BLANC**

**Le Seigneur veille sur ses disciples** et les garde dans la fidélité. Il les appelle, les envoie, avec leurs forces et leurs faiblesses. Et nous, nous croyons parfois qu'il nous faut déployer une batterie de bonnes actions pour recevoir ses grâces. Rappelons-nous qu'il connaît le fond des cœurs et que son amour, envers et contre tout, reste gratuit !

## OUVERTURE DE LA CÉLÉBRATION

***Chant d'entrée*** *(Suggestions p. 261)*
*OU*
***Antienne d'ouverture***
Écoute, Seigneur, je t'appelle. En mon cœur je t'ai dit :
Je cherche ton visage ; ton visage, Seigneur, je le recherche :
ne détourne pas de moi ta face, alléluia. (Ps 26, 7-9)

***Suggestion de préparation pénitentielle*** *(ou p. 232)*
Seigneur, ton amour agit en nous au-delà de ce que nous pouvons imaginer. Reconnaissons notre péché et implorons ton pardon.

Seigneur Jésus, tu n'oublies aucun de ceux qui se tournent vers toi. Béni sois-tu et prends pitié de nous.
***– Béni sois-tu et prends pitié de nous.***
Ô Christ, ta royauté s'étend sur l'univers. Béni sois-tu et prends pitié de nous.
***– Béni sois-tu et prends pitié de nous.***
Seigneur, aussi loin qu'est l'orient de l'occident, tu mets loin de nous nos péchés. Béni sois-tu et prends pitié de nous.
***– Béni sois-tu et prends pitié de nous.***

Que Dieu tout-puissant nous fasse miséricorde ; qu'il nous pardonne nos péchés et nous conduise à la vie éternelle. ***– Amen.***

***Gloire à Dieu*** *(p. 234)*

*Prière*

Entends notre prière, Seigneur : nous croyons que le Sauveur des hommes est auprès de toi dans la gloire ; fais-nous croire aussi qu'il est encore avec nous jusqu'à la fin des temps, comme il nous l'a promis. Lui qui… **— *Amen.***

## LITURGIE DE LA PAROLE

**Lecture** du livre des Actes des Apôtres (1, 15-17. 20a. 20c-26)

*« Il faut que l'un d'entre eux devienne, avec nous, témoin de la résurrection de Jésus »*

**En ces jours-là, Pierre se leva au milieu des frères qui étaient réunis au nombre d'environ cent vingt personnes, et il déclara : « Frères, il fallait que l'Écriture s'accomplisse. En effet, par la bouche de David, l'Esprit Saint avait d'avance parlé de Judas, qui en est venu à servir de guide aux gens qui ont arrêté Jésus : ce Judas était l'un de nous et avait reçu sa part de notre ministère. Il est écrit au livre des Psaumes : *Qu'un autre prenne sa charge.* Or, il y a des hommes qui nous ont accompagnés durant tout le temps où le Seigneur Jésus a vécu parmi nous, depuis le commencement, lors du baptême donné par Jean, jusqu'au jour où il fut enlevé d'auprès de nous. Il faut donc que l'un d'entre eux devienne, avec nous, témoin de sa résurrection. » On en présenta deux : Joseph appelé Barsabbas, puis surnommé Justus, et Matthias. Ensuite, on fit cette prière : « Toi,**

Seigneur, qui connais tous les cœurs, désigne lequel des deux tu as choisi pour qu'il prenne, dans le ministère apostolique, la place que Judas a désertée en allant à la place qui est désormais la sienne. » On tira au sort entre eux, et le sort tomba sur Matthias, qui fut donc associé par suffrage aux onze Apôtres. – Parole du Seigneur.

## *Psaume* 102 (103)

℟ ***Le Seigneur a son trône dans les cieux.*** *OU* ***Alléluia !***

*T. : AELF ; M. : M. Wackenheim ; Éd. : ADF.*

Bénis le Seigneur, ô mon âme,
bénis son nom très saint, tout mon être !
Bénis le Seigneur, ô mon âme,
n'oublie aucun de ses bienfaits ! ℟

Comme le ciel domine la terre,
fort est son amour pour qui le craint ;
aussi loin qu'est l'orient de l'occident,
il met loin de nous nos péchés. ℟

Retrouvez ce psaume sur le CD "Les psaumes de l'année B"

℟ ***Le Seigneur a son trône dans les cieux.*** OU ***Alléluia !***

Le Seigneur a son tr<u>ô</u>ne dans les cieux :
sa royauté s'ét<u>e</u>nd sur l'univers.
Messagers du Seigne<u>u</u>r, bénissez-le,
invincibles porte<u>u</u>rs de ses ordres ! ℟

## *Lecture* de la première lettre de saint Jean (4, 11-16)

*« Qui demeure dans l'amour demeure en Dieu, et Dieu demeure en lui »*

**Bien-aimés, puisque Dieu nous a tellement aimés, nous devons, nous aussi, nous aimer les uns les autres. Dieu, personne ne l'a jamais vu. Mais si nous nous aimons les uns les autres, Dieu demeure en nous, et, en nous, son amour atteint la perfection. Voici comment nous reconnaissons que nous demeurons en lui et lui en nous : il nous a donné part à son Esprit. Quant à nous, nous avons vu et nous attestons que le Père a envoyé son Fils comme Sauveur du monde. Celui qui proclame que Jésus est le Fils de Dieu, Dieu demeure en lui, et lui en Dieu. Et nous, nous avons reconnu l'amour que Dieu a pour nous, et nous y avons cru. Dieu est amour : qui demeure dans l'amour demeure en Dieu, et Dieu demeure en lui.** – Parole du Seigneur.

### *Acclamation de l'Évangile*

***Alléluia. Alléluia.*** Je ne vous laisserai pas orphelins, dit le Seigneur ; je reviens vers vous, et votre cœur se réjouira. ***Alléluia.***

*U 76-98; M. : P. Robert; ADF-Musique.*

## *Évangile de Jésus Christ* selon saint Jean (17, 11b-19)

*« Qu'ils soient un, comme nous-mêmes »*

En ce temps-là, les yeux levés au ciel, Jésus priait ainsi : « Père saint, garde mes disciples unis dans ton nom, le nom que tu m'as donné, pour qu'ils soient un, comme nous-mêmes. Quand j'étais avec eux, je les gardais unis dans ton nom, le nom que tu m'as donné. J'ai veillé sur eux, et aucun ne s'est perdu, sauf celui qui s'en va à sa perte de sorte que l'Écriture soit accomplie. Et maintenant que je viens à toi, je parle ainsi, dans le monde, pour qu'ils aient en eux ma joie, et qu'ils en soient comblés. Moi, je leur ai donné ta parole, et le monde les a pris en haine parce qu'ils n'appartiennent pas au monde, de même que moi je n'appartiens pas au monde. Je ne prie pas pour que tu les retires du monde, mais pour que tu les gardes du Mauvais. Ils n'appartiennent pas au monde, de même que moi, je n'appartiens pas au monde. Sanctifie-les dans la vérité : ta parole est vérité. De même que tu m'as envoyé dans le monde, moi aussi, je les ai envoyés dans le monde. Et pour eux je me sanctifie moi-même, afin qu'ils soient, eux aussi, sanctifiés dans la vérité. »

## *Homélie*

## *Profession de foi* *(p. 235)*

## *Suggestion de prière universelle*

*Le prêtre :*

Toi qui veilles sur ton peuple, Seigneur, nous te prions pour l'Église et pour le monde.

℟ ***Seigneur, entends la prière qui monte de nos cœurs.***

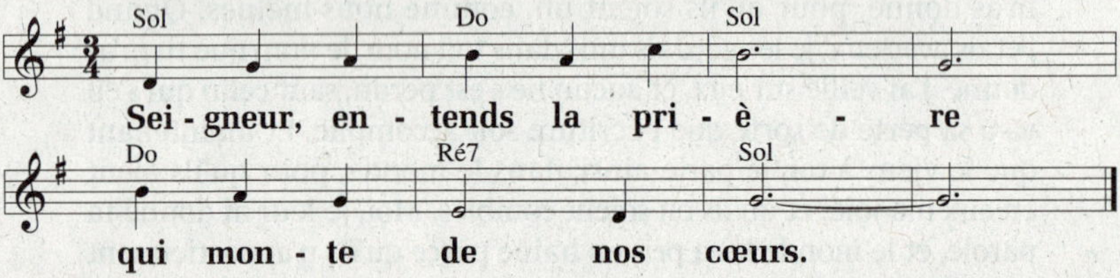


*E 25; Éditions du Chalet.*

*Le diacre ou un lecteur :*

Pour que l'Église se consolide dans l'unité, malgré les épreuves et les blessures de l'histoire, Seigneur, nous te prions. ℟

Pour que les chrétiens persécutés soient des témoins de l'amour et de la joie pascale, Seigneur, nous te prions. ℟

Pour que les personnes prises dans la spirale du mensonge et de la manipulation trouvent le chemin du respect de leurs frères, Seigneur, nous te prions. ℟

Pour que les responsables financiers travaillent, avec les gouvernements, en vue d'une justice plus effective, Seigneur, avec le pape François, nous te prions. ℟

*(Ces intentions seront adaptées ou modifiées selon les circonstances.)*

*Le prêtre :*

Dans ton grand amour, Seigneur, nous t'en prions, écoute les prières que nous t'adressons avec foi et exauce-les, par Jésus le Christ, notre Seigneur. — ***Amen.***

## LITURGIE EUCHARISTIQUE

### *Prière sur les offrandes*

Avec ces offrandes, Seigneur, reçois les prières de tes fidèles ; que cette liturgie célébrée avec amour nous fasse passer à la gloire du ciel. Par Jésus…

— ***Amen.***

### *Prière eucharistique*

*(Préface du temps pascal, p. 239, ou de l'Ascension, p. 240)*

### *Chant de communion* (Suggestions p. 261)

*OU*

### *Antienne de la communion*

« Père, dit Jésus,
je prie pour qu'ils soient un
comme nous sommes un »,
alléluia. (cf. Jn 17, 22)

### *Prière après la communion*

Exauce-nous, Dieu notre Sauveur : que notre communion au mystère du salut nous confirme dans cette assurance que tu glorifieras tout le corps de l'Église comme tu as glorifié son chef, Jésus le Christ. Lui qui… ***— Amen.***

## CONCLUSION DE LA CÉLÉBRATION

### *Bénédiction*

### *Envoi*

**COMMENTAIRE DU DIMANCHE**

**Père Benoît Gschwind,** assomptionniste

# Prière pour un monde fraternel

Dans la liturgie, ce dimanche est un peu particulier. En certains coins du monde, là où l'Ascension n'a pas été célébrée jeudi dernier, ce dimanche est fête de l'Ascension. Pour nous, il se situe donc entre Ascension et Pentecôte. Jésus n'est plus là, et nous attendons le Défenseur promis.

L'évangile de ce jour nous donne à contempler Jésus au cours de sa dernière nuit. Il parle avec son Père et nous entrons dans l'intimité de cet échange. Le Père a envoyé le Fils. Et le Fils a fait connaître le Père. Jésus nous a montré le chemin qui mène au Père, et ce chemin passe par lui ! Il est le Chemin, la Vérité, la Vie. Aussi, à l'heure du grand passage, Jésus prie. Grande prière, en présence des Apôtres qui sont là, silencieux, tout à l'écoute. Jésus appelle à l'unité et à la sainteté. C'est sa prière pour ses •••

••• amis, pour ses disciples, pour le monde. C'est notre unité avec le Père qui est en jeu, mais aussi notre unité entre frères, à l'image de celle du Père et du Fils. Cette prière de Jésus donne l'assurance de sa présence et de son intercession auprès du Père, mais elle est aussi, pour les disciples et pour nous-mêmes, un vibrant appel à la sainteté, à nous laisser transformer par la Parole. Celle-ci est vérité. Cette prière de Jésus est aussi une exhortation à être témoins de la vérité au cœur du monde où nous sommes. Un monde de frères et de sœurs est en naissance.

La prière nous constitue en frères et sœurs, elle nous ouvre à une fraternité sans frontières. Le disciple est témoin. Il aime ses compagnons d'humanité. Qui suis-je appelé à aimer davantage ?

Quel chemin de réconciliation me faut-il prendre pour grandir dans l'unité et la sainteté ? ■

Prions en Église Junior

## LIRE L'ÉVANGILE AVEC LES ENFANTS

## CE QUE JE DÉCOUVRE

Les chrétiens aiment le monde car il est un cadeau de Dieu. C'est dans le monde que Dieu s'est fait connaître ! Jésus a été envoyé sur la terre pour témoigner de l'amour de Dieu. Toi aussi, **Jésus t'envoie dans le monde pour témoigner de son amour.** Là où tu vis, dans ta famille, ton école, ton quartier, mets-y la joie de Jésus ! Pour y arriver, n'oublie pas de passer du temps avec Jésus. Parle-lui, écoute-le, laisse son amour remplir ton cœur !

## CE QUE JE VIS

Que trouves-tu beau dans ce monde ?
Comment fais-tu pour rester toujours uni avec ceux que tu aimes ?
Comment peux-tu rester uni à Jésus ?
**Fais une prière et remercie Jésus pour toutes les belles choses que tu aimes dans ce monde.**

Texte : P. Cédric Kuntz. Illustrations : Marcelino Truong

**MÉDITATION BIBLIQUE**

**7E DIMANCHE DE DIMANCHE DE PÂQUES**

Évangile selon saint Jean 17, 11b-19

# Sanctifiés par la Parole

**L'évangile de ce dimanche nous introduit dans la prière que Jésus a faite avant sa Passion. Mais sa mort n'a pas mis un terme à son intercession en notre faveur (He 7, 22-25). Nous pouvons donc faire fond sur sa prière, dont il nous appartient d'accueillir les fruits dans notre vie.**

## Le temps de la préparation

**« Ta parole, Seigneur, est vérité » (Antienne – Ps 18 [19]).**

## Le temps de l'observation

La prière de Jésus est d'abord une révélation de sa relation au Père : « Tout ce qui est à moi est à toi, et ce qui est à toi est à moi. » Une façon de rappeler aux disciples pour lesquels il prie, qu'ils sont dans la main du Père et que « personne ne peut » les en « arracher » (Jn 10, 28). Cela étant, il ne s'agit pas d'une protection magique qui leur ferait faire l'économie de l'expérience pascale dans leur vie. Les disciples ont un chemin à parcourir qui est de se laisser sanctifier dans la vérité, autrement dit par la parole de Dieu. De là découleront leur unité, leur fidélité, leur capacité à résister au Mauvais et à remplir leur mission dans le monde, ainsi que leur joie et leur plénitude. Dans ce processus, la Parole joue un rôle déterminant. Elle est aussi bien un « milieu de vie » que le moyen grâce auquel le Père gardera les disciples du Mauvais quand le Christ ne sera plus physiquement à leurs côtés.

## Le temps de la méditation

Comme le Père et le Christ nous gardent et veillent sur nous, ainsi avons-nous à garder et à veiller sur la Parole. Si se laisser toucher et rejoindre par elle est une expérience déterminante, elle ne se suffit pas à elle-même. Il s'agit de demeurer en elle, de ne pas nous la laisser dérober par l'Ennemi, de ne pas l'étouffer par les soucis de la vie, l'attrait des plaisirs immédiats (Mt 13, 1-13). Ce qui implique de savoir cultiver le silence, d'opter pour une certaine sobriété de vie, d'avoir le souci de laisser cette parole prendre chair en nous et porter des fruits de bienveillance, d'hospitalité, de compassion, de discernement, d'amour. Rappelons-nous que la parole de Dieu est efficace, qu'elle ne revient pas à lui sans avoir accompli la mission confiée (cf. Is 55, 11) : à savoir, nous sanctifier, nous rendre semblables au Dieu de gloire dont la présence irradie, mais aussi à ce Dieu qui s'est alourdi de l'humanité (en hébreu, la gloire connotant le « poids »), en choisissant de créer cette dernière et de marcher à son pas par amour.

## Le temps de la prière

**« Que ton nom soit sanctifié [...] sur la terre comme au ciel » (Notre Père).** ■

**Sœur Emmanuelle Billoteau,**
ermite

L'ÉVÉNEMENT

150 ANS DES APPARITIONS À PONTMAIN

# Une année jubilaire en Mayenne

**Jusqu'en janvier prochain, le sanctuaire mayennais célèbre les 150 ans de l'apparition mariale à Pontmain. En ce mois de Marie, plusieurs événements marquent cet anniversaire.**

« Ce qui me touche à Pontmain, c'est la simplicité du lieu. » Tous les soirs après son travail, Alix, 26 ans, chargée de projet dans une entreprise agricole, aime à se recueillir dans la basilique du sanctuaire de Pontmain (Mayenne) aux vitraux brillants de mille bleus : « Ici, Marie m'apparaît accessible, je sens qu'elle veille sur moi. » Un lieu qui, cette année, jubile à l'occasion des 150 ans de l'unique apparition de la Vierge Marie avec, notamment, le traditionnel pèlerinage de Mayenne le week-end de l'Ascension. Le thème de cet anniversaire ? « Et que la paix du Christ règne dans les cœurs » (Co 3, 15).

L'apparition eut lieu le 17 janvier 1871, soit onze jours avant la fin de la guerre entre la France et la Prusse. Pendant trois heures,

Basilique Notre-Dame de Pontmain, France.



**REPÈRES**

**En mai, de nombreux événements ont lieu pour l'année jubilaire :**

- le 16, pèlerinage de la Mayenne,
- le 23, clôture du synode diocésain,
- le 29, anniversaire du décès de l'abbé Guérin, dont le procès en béatification est en cours.

**Lors de l'apparition, un message s'inscrit dans le ciel :** « Mais priez mes enfants. Dieu vous exaucera en peu de temps. Mon fils se laisse toucher. »

**www.sanctuaire-pontmain.com**

quatre enfants contemplent une belle dame dans le ciel. Autour d'eux et de l'abbé Guérin, les paroissiens prient. « C'est en paroisse qu'il faut venir à Pontmain », explique le père Renaud Saliba, recteur du sanctuaire : « La guerre n'était pas achevée, mais les fidèles réunis autour des voyants ont ressenti une grande paix. Et en venant ici, les pèlerins goûtent à cette paix qui survient même au cœur de l'épreuve. D'ailleurs, on a coutume de clore le récit des apparitions avec ces mots : "Toute peur s'en est allée." » ■

**P. Thibault Van Den Driessche,**
assomptionniste

# LUNDI 17 MAI 2021

7E SEMAINE DE PÂQUES COULEUR LITURGIQUE : BLANC

**Temps pascal,** *messe de la férie*

*Antienne d'ouverture*

**Vous allez recevoir une force,**
**celle du Saint-Esprit qui viendra sur vous ;**
**alors vous serez mes témoins**
**jusqu'aux extrémités de la terre, alléluia.**
(Ac 1, 8)

*Prière*

Seigneur, nous t'en prions : que descende sur nous la force de l'Esprit Saint, pour que nous puissions discerner ta volonté et l'accomplir tout au long de notre vie. Par Jésus Christ… — ***Amen.***

## Lecture

du livre des Actes des Apôtres (19, 1-8)

*« Lorsque vous êtes devenus croyants, avez-vous reçu l'Esprit Saint ? »*

**Pendant qu'Apollos était à Corinthe, Paul traversait le haut pays ; il arriva à Éphèse, où il trouva quelques disciples. Il leur demanda : « Lorsque vous êtes devenus croyants, avez-vous reçu l'Esprit Saint ? » Ils lui répondirent : « Nous n'avons même pas entendu dire qu'il y a un Esprit Saint. » Paul reprit : « Quel baptême avez-vous donc reçu ? »**

Ils répondirent : « Celui de Jean le Baptiste. » Paul dit alors : « Jean donnait un baptême de conversion : il disait au peuple de croire en celui qui devait venir après lui, c'est-à-dire en Jésus. » Après l'avoir entendu, ils se firent baptiser au nom du Seigneur Jésus. Et quand Paul leur eut imposé les mains, l'Esprit Saint vint sur eux, et ils se mirent à parler en langues mystérieuses et à prophétiser. Ils étaient une douzaine d'hommes au total. Paul se rendit à la synagogue où, pendant trois mois, il prit la parole avec assurance ; il discutait et usait d'arguments persuasifs à propos du royaume de Dieu.
– Parole du Seigneur.

## *Psaume* 67 (68)

16 - 22

℟ ***Royaumes de la terre, chantez pour le Seigneur.***
*OU*
***Alléluia !***

Dieu se lève et ses ennemis se dispersent,
ses adversaires fuient devant sa face.
Comme on dissipe une fumée, tu les dissipes ;
comme on voit fondre la cire en face du feu,
les impies disparaissent devant
la face de Dieu. ℟

Mais les justes sont en fête, ils exultent ;
devant la face de Dieu ils dansent de joie.
Chantez pour Dieu, jouez pour son nom,
frayez la route à celui qui chevauche les nuées.
Son nom est Le Seigneur ;
dansez devant sa face. ℟

Père des orphelins, défenseur des veuves,
tel est Dieu dans sa sainte demeure.
À l'isolé, Dieu accorde une maison ;
aux captifs, il rend la liberté. ℟

### *Acclamation de l'Évangile*

***Alléluia. Alléluia.*** Si vous êtes ressuscités avec le Christ, recherchez les réalités d'en haut : c'est là qu'est le Christ, assis à la droite de Dieu. ***Alléluia.***

## *Évangile de Jésus Christ*

selon saint Jean (16, 29-33)

*« Courage ! Moi, je suis vainqueur du monde »*

**En ce temps-là, les disciples de Jésus lui dirent : « Voici que tu parles ouvertement et non plus en images. Maintenant nous savons que tu sais toutes choses, et tu n'as pas besoin qu'on t'interroge : voilà pourquoi nous croyons que tu es sorti de Dieu. » Jésus leur répondit : « Maintenant vous croyez ! Voici que l'heure vient – déjà elle est venue – où vous serez dispersés chacun de son côté, et vous me laisserez seul ; mais je ne suis pas seul, puisque le Père est avec moi. Je vous ai parlé ainsi, afin qu'en moi vous ayez la paix. Dans le monde, vous avez à souffrir, mais courage ! Moi, je suis vainqueur du monde. »**

### *Prière sur les offrandes*

Que le sacrifice parfait de Jésus Christ nous purifie, Seigneur : qu'il donne à nos âmes l'énergie qui vient d'en haut. Par Jésus…

***— Amen.***

*Préface du temps pascal, p. 239, ou de l'Ascension, p. 240.*

*Antienne de la communion*

« Je ne vous laisserai pas orphelins, dit le Seigneur, je reviens vers vous, et votre joie, nul ne vous l'enlèvera », alléluia.

(Jn 14, 18 ; 16, 22)

*Prière après la communion*

Dieu très bon, reste auprès de ton peuple, car sans toi notre vie tombe en ruine ; fais passer à une vie nouvelle ceux que tu as initiés aux sacrements de ton royaume. Par Jésus… ***– Amen.***

## INVITATION

Aujourd'hui, je fais mémoire de mon propre baptême et je prie pour tous les catéchumènes.



## COMMENTAIRE

**Victoire commune**

Psaume 67 (68) ; Jean 16, 29-33

**Le psaume de ce jour chante la victoire de Dieu. Lu par la Tradition comme une annonce de la résurrection du Christ, il dit sa victoire sur ces ennemis que sont le mal et la mort. Une victoire qui est aussi la nôtre – telle est notre foi –, même si elle ne nous épargne pas la « souffrance » dont parle Jean et le combat qui s'ensuit : contre la désespérance, le découragement et surtout cette peur de la mort qui fait de nous des esclaves (He 2, 15). De quoi implorer l'Esprit de vie et d'audace !** ■

***Sœur Emmanuelle Billoteau,** ermite*

# MARDI 18 MAI 2021

7[E] SEMAINE DE PÂQUES COULEUR LITURGIQUE : BLANC

**Temps pascal,** *messe de la férie*
*ou* **saint Jean Ier**

### *Antienne d'ouverture*

**« Je suis le Premier et le Dernier, je suis le Vivant, dit le Seigneur, j'étais mort, et me voici vivant pour les siècles », alléluia.** (Ap 1, 17-18)

### *Prière*

Dieu de puissance et de miséricorde, nous te supplions d'envoyer ton Esprit : qu'il habite nos cœurs, et fasse de nous le temple de sa gloire. Par Jésus Christ…

***— Amen.***

## Lecture

du livre des Actes des Apôtres (20, 17-27)

*« J'achève ma course et le ministère que j'ai reçu du Seigneur Jésus »*

**En ces jours-là, depuis Milet, Paul envoya un message à Éphèse pour convoquer les Anciens de cette Église. Quand ils furent arrivés auprès de lui, il leur adressa la parole : « Vous savez comment je me suis toujours comporté avec vous, depuis le premier jour où j'ai mis le pied en Asie : j'ai servi le Seigneur en toute humilité, dans les larmes et les épreuves que m'ont values les complots des Juifs ; je n'ai rien négligé de ce qui était utile, pour vous annoncer l'Évangile et vous donner un enseignement en public ou de maison en maison. Je rendais témoignage devant Juifs et**

Grecs pour qu'ils se convertissent à Dieu et croient en notre Seigneur Jésus. Et maintenant, voici que je suis contraint par l'Esprit de me rendre à Jérusalem, sans savoir ce qui va m'arriver là-bas. Je sais seulement que l'Esprit Saint témoigne*, de ville en ville, que les chaînes et les épreuves m'attendent. Mais en aucun cas, je n'accorde du prix à ma vie, pourvu que j'achève ma course et le ministère que j'ai reçu du Seigneur Jésus : rendre témoignage à l'évangile de la grâce de Dieu. Et maintenant, je sais que vous ne reverrez plus mon visage, vous tous chez qui je suis passé en proclamant le Royaume. C'est pourquoi j'atteste aujourd'hui devant vous que je suis pur du sang de tous, car je n'ai rien négligé pour vous annoncer tout le dessein de Dieu. »

– Parole du Seigneur.

## *Psaume* 67 (68)



℟ ***Royaumes de la terre, chantez pour le Seigneur.***
*OU* ***Alléluia !***

Tu répandais sur ton héritage
une pluie généreuse,
et quand il défaillait, toi,
tu le soutenais.
Sur les lieux où campait ton troupeau,
tu le soutenais, Dieu qui es bon
pour le pauvre. ℟

Que le Seigneur soit béni !
Jour après jour, ce Dieu nous accorde
la victoire.
Le Dieu qui est le nôtre est
le Dieu des victoires,
et les portes de la mort sont à Dieu,
le Seigneur. ℟

*Acclamation de l'Évangile*

***Alléluia. Alléluia.*** Moi, je prierai le Père, et il vous donnera un autre Défenseur qui sera pour toujours avec vous. ***Alléluia.***

## *Évangile de Jésus Christ*

selon saint Jean (17, 1-11a)

*« Père, glorifie ton Fils »*

En ce temps-là, Jésus leva les yeux au ciel et dit : « Père, l'heure est venue. Glorifie ton Fils afin que le Fils te glorifie. Ainsi, comme tu lui as donné pouvoir sur tout être de chair, il donnera la vie éternelle à tous ceux que tu lui as donnés. Or, la vie éternelle, c'est qu'ils te connaissent, toi le seul vrai Dieu, et celui que tu as envoyé, Jésus Christ.

Moi, je t'ai glorifié sur la terre en accomplissant l'œuvre que tu m'avais donnée à faire. Et maintenant, glorifie-moi auprès de toi, Père, de la gloire que j'avais auprès de toi avant que le monde existe. J'ai manifesté ton nom aux hommes que tu as pris dans le monde pour me les donner. Ils étaient à toi, tu me les as donnés, et ils ont gardé ta parole. Maintenant, ils ont reconnu que tout ce que tu m'as donné vient de toi, car je leur ai donné les paroles que tu m'avais données : ils les ont reçues, ils ont vraiment reconnu que je suis sorti de toi, et ils ont cru que tu m'as envoyé. Moi, je prie pour eux ; ce n'est pas pour le monde que je prie, mais pour ceux que tu m'as donnés, car ils sont à toi. Tout ce qui est à moi est à toi, et ce qui est à toi est à moi ; et je suis glorifié en eux. Désormais, je ne suis plus dans le monde ; eux, ils sont dans le monde, et moi, je viens vers toi. »

### *Prière sur les offrandes*

Avec ces offrandes, Seigneur, reçois les prières de tes fidèles ; que cette liturgie célébrée avec amour nous fasse passer à la gloire du ciel. Par Jésus... – ***Amen.***

*Préface du temps pascal, p. 239, ou de l'Ascension, p. 240.*

### *Antienne de la communion*

« L'Esprit Saint que le Père enverra
en mon nom, dit le Seigneur,
c'est lui qui vous enseignera,
il vous fera souvenir
de tout ce que je vous ai dit »,
alléluia.
(Jn 14, 26)

### *Prière après la communion*

Nous venons de communier, Seigneur, au don sacré du corps et du sang de ton Fils, et nous te prions humblement : que cette eucharistie, offerte en mémoire de lui, comme il nous a dit de le faire, augmente en nous la charité. Par Jésus... – ***Amen.***



## INVITATION

Je choisis dans le journal un évènement de l'actualité pour lequel prier.

## COMMENTAIRE

### Dons de l'Esprit

Psaume 67 (68)

**« Tu répandais sur ton héritage une pluie généreuse. » Nous savons que, dans la Bible, l'Esprit promis est comparé à de l'eau jaillissante (Jn 7, 37). Car comme l'eau est indispensable à la vie, ainsi l'Esprit l'est-il à notre glorification (Jn 17) ; comme elle, il s'adapte à tous les terrains, nous dit saint Cyrille d'Alexandrie (Ve s.). « À celui-ci est donné, par l'Esprit, une parole de sagesse, à un autre une parole de connaissance » (1 Co 12, 8). Et cela, à la mesure de notre pauvreté de cœur ! ■**

*Sœur Emmanuelle Billoteau, ermite*

## ✲ CLÉ DE LECTURE

### « L'Esprit Saint témoigne »

Actes 20, 23 *(p. 133)*

**Le discours de Paul aux anciens d'Éphèse est le seul discours des Actes qui s'adresse à des chrétiens, ici aux responsables d'une Église. On est frappé à la fois par l'importance du témoignage rendu par l'apôtre qui devient le modèle du pasteur, et par l'action sans cesse soulignée de l'Esprit Saint. Au point que c'est l'Esprit lui-même qui vient à la barre témoigner du caractère exemplaire de ce que Paul a vécu et va vivre : un emprisonnement qui ne sera que la figure physique concrète de ce qu'il vivait spirituellement : « Je suis contraint (*littéralement "enchaîné"*) par l'Esprit de me rendre à Jérusalem. » La vie de l'Apôtre ne lui appartient pas, elle est donnée ; une seule chose compte et l'Esprit y veille : annoncer « l'évangile de la grâce de Dieu ». ■**

*Roselyne Dupont-Roc, bibliste*

# MERCREDI 19 MAI 2021

**7E SEMAINE DE PÂQUES COULEUR LITURGIQUE : BLANC**

**Temps pascal,** *messe de la férie*
*ou* **saint Yves,** *voir p. 142*

### *Antienne d'ouverture*

**Tous les peuples, battez des mains,**
**acclamez Dieu par vos cris de joie, alléluia.** (Ps 46, 2)

### *Prière*

Dieu d'infinie bonté, nous t'en prions : accorde à ton Église rassemblée par l'Esprit Saint de se dévouer de tout cœur à ton service, et d'être unie dans l'accomplissement de ta volonté. Par Jésus Christ… ***– Amen.***

16 - 22

## *Lecture*

du livre des Actes des Apôtres (20, 28-38)

*« Je vous confie à Dieu, lui qui a le pouvoir de construire l'édifice et de donner à chacun l'héritage »*

**En ces jours-là, Paul faisait ses adieux aux Anciens de l'Église d'Éphèse. Il leur disait : « Veillez sur vous-mêmes, et sur tout le troupeau dont l'Esprit Saint vous a établis responsables, pour être les pasteurs de l'Église de Dieu, qu'il s'est acquise par son propre sang*. Moi, je sais qu'après mon départ, des loups redoutables s'introduiront chez vous et n'épargneront pas le troupeau. Même du milieu de vous surgiront des hommes qui tiendront des discours pervers pour entraîner les disciples à leur**

suite. Soyez donc vigilants, et souvenez-vous que, durant trois ans, nuit et jour, je n'ai cessé, dans les larmes, de reprendre chacun d'entre vous. Et maintenant, je vous confie à Dieu et à la parole de sa grâce, lui qui a le pouvoir de construire l'édifice et de donner à chacun l'héritage en compagnie de tous ceux qui ont été sanctifiés. Je n'ai convoité ni l'argent ni l'or ni le vêtement de personne. Vous le savez bien vous-mêmes : les mains que voici ont pourvu à mes besoins et à ceux de mes compagnons. En toutes choses, je vous ai montré qu'en se donnant ainsi de la peine, il faut secourir les faibles et se souvenir des paroles du Seigneur Jésus, car lui-même a dit : *Il y a plus de bonheur à donner qu'à recevoir.* »
Quand Paul eut ainsi parlé, il s'agenouilla et pria avec eux tous. Tous se mirent à pleurer abondamment ; ils se jetaient au cou de Paul et l'embrassaient ; ce qui les affligeait le plus, c'est la parole qu'il avait dite : « Vous ne verrez plus mon visage. » Puis on l'accompagna jusqu'au bateau.
– Parole du Seigneur.

## *Psaume* 67 (68)

℟ ***Royaumes de la terre, chantez pour le Seigneur.***

*OU*

***Alléluia !***

Ton Dieu l'a commandé : « Sois fort ! »
Montre ta force, Dieu, quand tu agis pour nous !
De ton palais, qui domine Jérusalem,
on voit des rois t'apporter leurs présents. ℟

Royaumes de la terre, chantez pour Dieu,
jouez pour le Seigneur.
Voici qu'il élève la voix, une voix puissante ;
rendez la puissance à Dieu. ℟

Redoutable est Dieu dans son temple saint,
le Dieu d'Israël ;
c'est lui qui donne à son peuple force et puissance.
Béni soit Dieu ! ℟

### *Acclamation de l'Évangile*

***Alléluia. Alléluia.*** Ta parole, Seigneur, est vérité ; dans cette vérité, sanctifie-nous.
***Alléluia.***

## *Évangile de Jésus Christ*

selon saint Jean (17, 11b-19)

En ce temps-là, les yeux levés au ciel, Jésus priait ainsi : « Père saint, garde mes disciples unis dans ton nom, le nom que tu m'as donné, pour qu'ils soient un, comme nous-mêmes. Quand j'étais avec eux, je les gardais unis dans ton nom, le nom que tu m'as donné. J'ai veillé sur eux, et aucun ne s'est perdu, sauf celui qui s'en va à sa perte de sorte que l'Écriture soit accomplie. Et maintenant que je viens à toi, je parle ainsi,

*« Qu'ils soient un comme nous-mêmes »*

dans le monde, pour qu'ils aient en eux ma joie, et qu'ils en soient comblés. Moi, je leur ai donné ta parole, et le monde les a pris en haine parce qu'ils n'appartiennent pas au monde, de même que moi je n'appartiens pas au monde. Je ne prie pas pour que tu les retires du monde, mais pour que tu les gardes du Mauvais. Ils n'appartiennent pas au monde, de même que moi, je n'appartiens pas au monde. Sanctifie-les dans la vérité : ta parole est vérité. De même que tu m'as envoyé dans le monde, moi aussi, je les ai envoyés dans le monde. Et pour eux je me sanctifie moi-même, afin qu'ils soient, eux aussi, sanctifiés dans la vérité. »

### *Prière sur les offrandes*

Accepte, Seigneur notre Dieu, le sacrifice que tu nous as dit de t'offrir ; et par ces mystères célébrés pour ta gloire, daigne poursuivre en tes serviteurs ton œuvre de sanctification et de salut. Par Jésus…

*Préface du temps pascal, p. 239, ou de l'Ascension, p. 240.*

### *Antienne de la communion*

« Quand viendra le Défenseur
que je vous enverrai, dit le Seigneur,
lui, l'Esprit de vérité qui procède
du Père, il témoignera en ma faveur ;
et vous aussi, vous rendrez
témoignage », alléluia. (Jn 15, 26-27)

### *Prière après la communion*

Que notre communion à ce mystère, Seigneur, ne cesse d'ajouter à ta grâce : qu'elle nous purifie de plus en plus et nous dispose à mieux recevoir un si grand bienfait. Par Jésus…

***— Amen.***

**INVITATION**

En ce jour où l'on fête saint Yves,
je prie pour mes frères et sœurs des diocèses de Bretagne.

## COMMENTAIRE

**Consentir à la force**

Psaume 67 (68)

« Sois fort ! » Une force qui est celle de Dieu même. Alors, sachons implorer l'Esprit qui nous donnera ce don pour garder la Parole, rester fidèles à la vérité, demeurer dans l'unité, accomplir notre mission dans le monde (Jn 17). Car le combat spirituel est toujours d'actualité. Notre participation à la vie de Dieu ne se fera pas « sans nous », sans notre consentement à être transformés, sanctifiés, dépouillés de ce qui nous encombre. Alors nous pourrons chanter et jouer pour le Seigneur ! ■

***Sœur Emmanuelle Billoteau**, ermite*

## ✻ CLÉ DE LECTURE

**« Par son propre sang »**

Actes 20, 28 *(p. 137)*

Que le possessif renvoie dans la phrase à Dieu ou à l'Esprit, l'expression reste étrange. À tel point que les copistes, dès le IVe siècle, ont corrigé le texte, en remplaçant Dieu par « le Seigneur » qui pouvait ainsi renvoyer au Christ, ou bien en écrivant « par le sang de son propre (Fils) ». Leur compréhension était très clairement sacrificielle, l'Église naissant du sang versé du Christ sur la croix. Le texte dit probablement les choses autrement : le sang, dans la tradition juive, est le lieu et le signe de la vie. L'Église appartient à Dieu, qui envoyant son Esprit lui insuffle sans cesse sa propre vie et renouvelle sans cesse en elle le don qu'il nous a fait en son Fils : elle vit de l'Esprit, d'un amour partagé et du don de chacun à tous. ■

***Roselyne Dupont-Roc**, bibliste*

# Saint Yves

**Couleur liturgique : blanc**

*XIII^e^-XIV^e^ siècles. Ce saint, très aimé des Bretons, naquit à Minihy-Tréguier (Côtes-d'Armor). Prêtre dévoué et juge modèle, il défendait les pauvres et les opprimés. Patron des avocats.*

## *Antienne d'ouverture*

À ceux qui l'ont servi dans leurs frères,
le Seigneur dit : « Venez, les bénis
de mon Père. J'étais malade
et vous m'avez visité…
Vraiment, je vous le dis, chaque fois
que vous l'avez fait à l'un de ces petits
qui sont mes frères, c'est à moi
que vous l'avez fait », alléluia.
(Mt 25, 34. 36. 40)

## *Prière*

Dieu de qui vient ce qui est juste et bon, tu as établi saint Yves comme juge parmi ses frères, et tu as fait de lui un grand ami des pauvres ; accorde-nous, par son intercession, de rechercher passionnément la justice et de communier à ton amour pour les hommes. Par Jésus Christ… **— *Amen.***

## *Prière sur les offrandes*

Accueille, Seigneur, les présents de ton peuple ; et tandis que nous rappelons l'amour infini de ton Fils, fais que nous sachions, à l'exemple des saints, t'aimer et aimer notre prochain d'un cœur plus généreux. Par Jésus… **— *Amen.***

## *Antienne de la communion*

« Il n'y a pas de plus grand amour
que de donner sa vie pour ses amis »,
dit le Seigneur, alléluia. (Jn 15, 13)

## *Prière après la communion*

Toi qui nous as fortifiés par cette communion, Seigneur, aide-nous à suivre l'exemple de saint Yves dans l'amour qu'il sut te témoigner et la charité dont il fit preuve envers ton peuple. Par Jésus… **— *Amen.***

# JEUDI 20 MAI 2021

7^E^ SEMAINE DE PÂQUES COULEUR LITURGIQUE : BLANC

**Temps pascal,** *messe de la férie*
*ou* **saint Bernardin de Sienne**

### *Antienne d'ouverture*

**Avançons-nous avec pleine assurance**
**vers le Dieu tout-puissant qui fait grâce,**
**pour obtenir miséricorde et recevoir, en temps voulu,**
**la grâce de son secours, alléluia.** (He 4, 16)

### *Prière*

Que ton Esprit Saint, Dieu créateur, nous transforme par ses dons : qu'il change notre cœur en un cœur que tu aimes, parfaitement accordé à ta volonté. Par Jésus Christ… ***— Amen.***

16 - 22

## *Lecture*

du livre des Actes des Apôtres (22, 30 ; 23, 6-11)

*« Il faut que tu me rendes aussi témoignage à Rome »*

**En ces jours-là, Paul avait été arrêté à Jérusalem. Le lendemain, le commandant voulut savoir avec certitude de quoi les Juifs l'accusaient. Il lui fit enlever ses liens ; puis il convoqua les grands prêtres et tout le Conseil suprême, et il fit descendre Paul pour l'amener devant eux. Sachant que le Conseil suprême se répartissait entre sadducéens et pharisiens, Paul s'écria devant eux : « Frères, moi, je suis pharisien, fils**

de pharisiens. C'est à cause de notre espérance, la résurrection des morts, que je passe en jugement. » À peine avait-il dit cela, qu'il y eut un affrontement entre pharisiens et sadducéens, et l'assemblée se divisa. En effet, les sadducéens disent qu'il n'y a pas de résurrection, pas plus que d'ange ni d'esprit, tandis que les pharisiens professent tout cela. Il se fit alors un grand vacarme. Quelques scribes du côté des pharisiens se levèrent et protestèrent vigoureusement : « Nous ne trouvons rien de mal chez cet homme. Et si c'était un esprit qui lui avait parlé, ou un ange ? » L'affrontement devint très violent, et le commandant craignit que Paul ne se fasse écharper. Il ordonna à la troupe de descendre pour l'arracher à la mêlée et le ramener dans la forteresse. La nuit suivante, le Seigneur vint auprès de Paul et lui dit : « Courage ! Le témoignage que tu m'as rendu à Jérusalem, il faut que tu le rendes aussi à Rome. »
– Parole du Seigneur.

## *Psaume* 15 (16)

℟ ***Garde-moi, mon Dieu : j'ai fait de toi mon refuge.***

*OU*

***Alléluia !***

Garde-moi, mon Dieu : j'ai fait de t**o**i mon refuge.
J'ai dit au Seigneur : « Tu **e**s mon Dieu !
Seigneur, mon part**a**ge et ma coupe :
de toi dép**e**nd mon sort. » ℟

Je bénis le Seigne**u**r qui me conseille :
même la nuit mon cœ**u**r m'avertit.
Je garde le Seigneur devant m**o**i sans relâche ;
il est à ma droite : je su**i**s inébranlable. ℟

Mon cœur exulte, mon âme est en fête,
ma chair elle-même repose en confiance :
tu ne peux m'abandonner à la mort
ni laisser ton ami voir la corruption. ℟

Tu m'apprends le chemin de la vie :
devant ta face, débordement de joie !
À ta droite, éternité de délices ! ℟

### *Acclamation de l'Évangile*

***Alléluia. Alléluia.*** Que tous soient un, comme toi, Père, tu es en moi, et moi en toi, pour que le monde croie que tu m'as envoyé. ***Alléluia.***

## *Évangile de Jésus Christ*

selon saint Jean (17, 20-26)

*« Qu'ils deviennent parfaitement un »*

En ce temps-là, les yeux levés au ciel, Jésus priait ainsi : « Père saint, je ne prie pas seulement pour ceux qui sont là, mais encore pour ceux qui, grâce à leur parole, croiront en moi. Que tous soient un, comme toi, Père, tu es en moi, et moi en toi. Qu'ils soient un en nous, eux aussi, pour que le monde croie* que tu m'as envoyé. Et moi, je leur ai donné la gloire que tu m'as donnée, pour qu'ils soient un comme nous sommes UN : moi en eux, et toi en moi. Qu'ils deviennent ainsi parfaitement un, afin que le monde sache que tu m'as envoyé, et que tu les as aimés comme tu m'as aimé.

Père, ceux que tu m'as donnés, je veux que là où je suis, ils soient eux aussi avec moi, et qu'ils contemplent ma gloire, celle que tu m'as donnée parce que tu m'as aimé avant la fondation du monde. Père juste, le monde ne t'a pas connu, mais moi je t'ai connu, et ceux-ci ont reconnu que tu m'as envoyé. Je leur ai fait connaître ton nom, et je le ferai connaître, pour que l'amour dont tu m'as aimé soit en eux, et que moi aussi, je sois en eux. »

### *Prière sur les offrandes*

Dans ta bonté, Seigneur, sanctifie ces dons ; accepte le sacrifice spirituel de cette eucharistie, et fais de nous-mêmes une éternelle offrande à ta gloire. Par Jésus… ***— Amen.***

*Préface du temps pascal, p. 239, ou de l'Ascension, p. 240.*

### *Antienne de la communion*

Jésus déclarait à ses disciples :
« Je vous dis la vérité :
c'est votre intérêt que je m'en aille ;
car, si je ne m'en vais pas,
l'Esprit Saint, le Défenseur,
ne viendra pas à vous », alléluia.
(Jn 16, 7)

### *Prière après la communion*

Aide-nous à trouver, Seigneur, dans l'eucharistie que nous venons de célébrer un enseignement qui nous éclaire et des vivres qui soient notre force, afin que nous puissions ouvrir nos cœurs à toutes les richesses de ton Esprit. Par Jésus… ***— Amen.***

## INVITATION

Comme Jésus, comme saint Bernardin de Sienne, que l'on fête aujourd'hui, je lève les yeux au ciel en priant notre Père.

## COMMENTAIRE

**Pleinement à Dieu** Jean 17, 20-26

**Seul l'Esprit peut nous donner de connaître Dieu et de le choisir pour « notre part d'héritage », comme le chante le psalmiste. Cette joie de l'appartenance mutuelle n'a-t-elle pas été celle de l'homme Jésus par rapport à son Père : « Comme toi, Père, tu es en moi et moi, en toi » ? N'a-t-elle pas été celle du Verbe éternel : « Tu m'as aimé avant la fondation du monde » (Jn 17, 24) ? Alors, essayons de discerner ce qui nous empêche d'être, comme Jésus, pleinement à Dieu. ■**

***Sœur Emmanuelle Billoteau**, ermite*

## ❊ CLÉ DE LECTURE

**« Pour que le monde croie »** Jean 17, 21 *(p. 145)*

**Le texte ne cesse de revenir sur l'unité intime, inouïe, du Père, du Fils et des croyants. Le lecteur se voit pris dans une spirale ou dans un tourbillon dont le centre est ce « un » qui attire tout à lui. Le grec renforce encore cette impression car les « en » sont presque identiques au « un ». Pourtant la circularité n'est pas fermée. Par deux fois au moins une visée s'exprime comme sortie vers « le monde » : « Pour qu'il croie, pour qu'il sache. » Ce monde ambigu, incertain, dont viennent les croyants et auquel ils ont charge de transmettre l'amour d'un Dieu qui ne cesse de leur donner sa gloire et sa vie à partager. Un monde que le Christ a habité et aimé, et auquel il nous confie de révéler le Père, comme source de ce flux d'amour et d'unité. ■**

***Roselyne Dupont-Roc**, bibliste*

# VENDREDI 21 MAI 2021

7E SEMAINE DE PÂQUES COULEUR LITURGIQUE : BLANC

**Temps pascal,** *messe de la férie*
*ou* **saint Christophe Magallanes et ses compagnons**

### *Antienne d'ouverture*

**Le Christ nous aime, et il nous a délivrés de nos péchés par son sang ; il a fait de nous le royaume et les prêtres de Dieu son Père, alléluia.** (Ap 1, 5)

### *Prière*

Seigneur, pour nous ouvrir la vie éternelle, tu as exalté ton Christ dans la gloire et tu nous as envoyé ton Esprit de lumière, fais qu'en participant à une telle grâce, nous soyons plus dévoués à te servir et obtenions une plus grande foi. Par Jésus Christ… ***– Amen.***

## Lecture

du livre des Actes des Apôtres (25, 13-21)

*« Un certain Jésus qui est mort, mais que Paul affirme être en vie »*

**En ces jours-là, le roi Agrippa et Bérénice vinrent à Césarée saluer le gouverneur Festus. Comme ils passaient là plusieurs jours, Festus exposa au roi la situation de Paul en disant : « Il y a ici un homme que mon prédécesseur Félix a laissé en prison. Quand je me suis trouvé à Jérusalem, les grands prêtres et les anciens des Juifs ont exposé leurs griefs contre lui en réclamant sa condamnation. J'ai répondu que les Romains n'ont pas coutume de faire la faveur de livrer qui que ce soit lorsqu'il est accusé,**

avant qu'il soit confronté avec ses accusateurs et puisse se défendre du chef d'accusation. Ils se sont donc retrouvés ici, et sans aucun délai, le lendemain même, j'ai siégé au tribunal et j'ai donné l'ordre d'amener cet homme. Quand ils se levèrent, les accusateurs n'ont mis à sa charge aucun des méfaits que, pour ma part, j'aurais supposés. Ils avaient seulement avec lui certains débats au sujet de leur propre religion, et au sujet d'un certain Jésus qui est mort, mais que Paul affirmait être en vie. Quant à moi, embarrassé devant la suite à donner à l'instruction, j'ai demandé à Paul s'il voulait aller à Jérusalem pour y être jugé sur cette affaire. Mais Paul a fait appel pour être gardé en prison jusqu'à la décision impériale*. J'ai donc ordonné de le garder en prison jusqu'au renvoi de sa cause devant l'empereur. »

– Parole du Seigneur.



## *Psaume* 102 (103)

℟ ***Le Seigneur a son trône dans les cieux.***
OU ***Alléluia !***

Bénis le Seigneur, ô mon âme,
bénis son nom très saint, tout mon être !
Bénis le Seigneur, ô mon âme,
n'oublie aucun de ses bienfaits ! ℟

Comme le ciel domine la terre,
fort est son amour pour qui le craint ;
aussi loin qu'est l'orient de l'occident,
il met loin de nous nos péchés. ℟

Le Seigneur a son trône dans les cieux :
sa royauté s'étend sur l'univers.
Messagers du Seigneur, bénissez-le,
invincibles porteurs de ses ordres ! ℟

*Acclamation de l'Évangile*

***Alléluia. Alléluia.*** L'Esprit Saint vous enseignera tout, et il vous fera souvenir de tout ce que je vous ai dit. ***Alléluia.***

## Évangile de Jésus Christ

selon saint Jean (21, 15-19)

*« Sois le berger de mes agneaux. Sois le pasteur de mes brebis »*

**Jésus se manifesta encore aux disciples sur le bord de la mer de Tibériade. Quand ils eurent mangé, Jésus dit à Simon-Pierre : « Simon, fils de Jean, m'aimes-tu vraiment, plus que ceux-ci ? » Il lui répond : « Oui, Seigneur ! Toi, tu le sais : je t'aime. » Jésus lui dit : « Sois le berger de mes agneaux. »**

**Il lui dit une deuxième fois : « Simon, fils de Jean, m'aimes-tu vraiment ? » Il lui répond : « Oui, Seigneur ! Toi, tu le sais : je t'aime. » Jésus lui dit : « Sois le pasteur de mes brebis. » Il lui dit, pour la troisième fois : « Simon, fils de Jean, m'aimes-tu ? » Pierre fut peiné parce que, la troisième fois, Jésus lui demandait : « M'aimes-tu ? » Il lui répond : « Seigneur, toi, tu sais tout : tu sais bien que je t'aime. »**

**Jésus lui dit : « Sois le berger de mes brebis. Amen, amen, je te le dis : quand tu étais jeune, tu mettais ta ceinture toi-même pour aller là où tu voulais ; quand tu seras vieux, tu étendras les mains, et c'est un autre qui te mettra ta ceinture, pour t'emmener là où tu ne voudrais pas aller. » Jésus disait cela pour signifier par quel genre de mort Pierre rendrait gloire à Dieu. Sur ces mots, il lui dit : « Suis-moi. »**

### *Prière sur les offrandes*

Regarde avec bonté, Seigneur, le sacrifice offert par ton peuple : et pour que tu puisses l'accueillir, envoie-nous l'Esprit Saint qui purifiera nos cœurs. Par Jésus… **— *Amen.***

*Préface du temps pascal, p. 239, ou de l'Ascension, p. 240.*

### *Antienne de la communion*

« Quand viendra l'Esprit de vérité, dit Jésus, il vous guidera vers la vérité tout entière », alléluia.

(Jn 16, 13)

### *Prière après la communion*

Dieu qui nous purifies et soutiens nos forces dans le sacrement de l'eucharistie, fais-nous trouver la vie éternelle à cette table où tu nous invites. Par Jésus… **— *Amen.***

16 - 22

## INVITATION

Moi aussi, par trois fois, je redis au Christ que je l'aime et que je veux le suivre.

## COMMENTAIRE

**Quand Dieu nous rejoint…** Psaume 102 (103) ; Jean (21, 15-19)

« Bénis le Seigneur, ô mon âme, bénis son nom très saint tout mon être. » Le psaume nous invite à nous unifier dans la louange et à accéder à une intériorité qui nous fait communier avec le monde céleste. Il nous rappelle que la suite du Christ est appelée à se vivre à ce niveau de profondeur qui permet un dialogue personnel et authentique avec le Seigneur, comme ce fut le cas pour Pierre. Lui que l'appel spécifique de Dieu est venu rejoindre, malgré sa trahison et la pauvreté de son amour. ■

***Sœur Emmanuelle Billoteau**, ermite*

## ✲ CLÉ DE LECTURE

**« Décision impériale »** Actes 25, 21 *(p. 149)*

Paul comparaît ici devant le gouverneur Festus, mais aussi devant le roi Agrippa II arrière-petit-fils d'Hérode et sa sœur Bérénice, des païens ou juifs peu croyants. Luc semble sincère dans son admiration pour la justice romaine, qui assure à tout accusé le droit de se défendre devant ses accusateurs. La possibilité d'en appeler à l'empereur reste discutée, mais Luc veut montrer d'une part que, même prisonnier, Paul atteindra Rome selon le programme annoncé par le Ressuscité (Ac 1, 8), de l'autre, que, si pour les Romains l'empereur usurpe le nom de « seigneur » (« kurios »), Paul pour sa part le réserve à Dieu et au seul Seigneur qu'il reconnaît, le Christ. Il a demandé à comparaître devant l'empereur Auguste (Sébaste), qu'on appelle encore César. ■

***Roselyne Dupont-Roc**, bibliste*

# SAMEDI 22 MAI 2021

7E SEMAINE DE PÂQUES COULEUR LITURGIQUE : BLANC

**Temps pascal,** *messe de la férie*
*ou* **sainte Rita de Cascia,** *voir p. 157*

## *Antienne d'ouverture*

**D'un seul cœur, les Apôtres participaient fidèlement à la prière, avec quelques femmes, dont Marie, mère de Jésus, et avec ses frères, alléluia.** (Ac 1, 14)

## *Prière*

Au terme de ces fêtes pascales, accorde-nous, Dieu tout-puissant, de garder la Pâque de ton Fils présente dans toute notre vie. Lui qui… ***— Amen***

16 - 22

## *Lecture*

du livre des Actes des Apôtres (28, 16-20. 30-31)

*« Paul demeura à Rome ; il annonçait le règne de Dieu »*

**À notre arrivée à Rome, Paul a reçu l'autorisation d'habiter en ville avec le soldat qui le gardait. Trois jours après, il fit appeler les notables des Juifs. Quand ils arrivèrent, il leur dit : « Frères, moi qui n'ai rien fait contre notre peuple et les coutumes reçues de nos pères, je suis prisonnier depuis Jérusalem où j'ai été livré aux mains des Romains. Après m'avoir interrogé, ceux-ci voulaient me relâcher, puisque, dans mon cas, il n'y avait aucun motif de condamnation à mort. Mais, devant l'opposition des Juifs, j'ai été obligé de faire appel à l'empereur, sans vouloir pour autant**

accuser ma nation. C'est donc pour ce motif que j'ai demandé à vous voir et à vous parler, car c'est à cause de l'espérance d'Israël que je porte ces chaînes. » Paul demeura deux années entières dans le logement qu'il avait loué ; il accueillait tous ceux qui venaient chez lui ; il annonçait le règne de Dieu et il enseignait ce qui concerne le Seigneur Jésus Christ avec une entière assurance et sans obstacle. – Parole du Seigneur.

## *Psaume* 10 (11)

℟ ***Les hommes droits te verront face à face, Seigneur.***

*OU*

***Alléluia !***

Le Seigneur, dans son t<u>e</u>mple saint,
le Seigneur, dans les cie<u>u</u>x où il trône,
garde les yeux ouv<u>e</u>rts sur le monde.
Il voit, il scr<u>u</u>te les hommes. ℟

Le Seigneur a scruté le j<u>u</u>ste et le méchant :
l'ami de la viol<u>e</u>nce, il le hait.
Vraiment, le Seigneur est juste ;
il aime to<u>u</u>te justice :
les hommes droits le verr<u>o</u>nt face à face. ℟

### *Acclamation de l'Évangile*

***Alléluia. Alléluia.*** Je vous enverrai l'Esprit de vérité, dit le Seigneur ; il vous conduira dans la vérité tout entière. ***Alléluia.***

## *Évangile de Jésus Christ*

selon saint Jean (21, 20-25)

*« C'est ce disciple qui a écrit ces choses ; son témoignage est vrai »*

En ce temps-là, Jésus venait de dire à Pierre : « Suis-moi. » S'étant retourné, Pierre aperçoit, marchant à leur suite, le disciple que Jésus aimait. C'est lui qui, pendant le repas, s'était penché sur la poitrine de Jésus pour lui dire : « Seigneur, quel est celui qui va te livrer ? » Pierre, voyant donc ce disciple, dit à Jésus : « Et lui, Seigneur, que lui arrivera-t-il ? » Jésus lui répond : « Si je veux qu'il demeure jusqu'à ce que je vienne, que t'importe ? Toi, suis-moi. » Le bruit courut donc parmi les frères que ce disciple ne mourrait pas. Or, Jésus n'avait pas dit à Pierre qu'il ne mourrait pas, mais : « Si je veux qu'il demeure jusqu'à ce que je vienne, que t'importe ? »

C'est ce disciple qui témoigne de ces choses et qui les a écrites, et nous savons que son témoignage est vrai. Il y a encore beaucoup d'autres choses que Jésus a faites ; et s'il fallait écrire chacune d'elles, je pense que le monde entier ne suffirait pas pour contenir les livres que l'on écrirait.



### *Prière sur les offrandes*

Que l'Esprit Saint qui vient de toi, Seigneur, et qui est lui-même le pardon des péchés, prépare nos cœurs à tes sacrements. Par Jésus… ***— Amen.***

*Préface du temps pascal, p. 239, ou de l'Ascension, p. 240.*

### *Antienne de la communion*

« L'Esprit Saint me glorifiera,
dit Jésus, car il reprendra ce qui
vient de moi, pour vous l'expliquer »,
alléluia.

(Jn 16, 14)

### *Prière après la communion*

Dans ta bonté, Seigneur, exauce nos prières : déjà nous sommes passés du monde ancien aux sacrements des temps nouveaux : fais-nous quitter ce qui ne peut que vieillir, envoie-nous un esprit de renouveau et de sainteté. Par Jésus… — ***Amen.***

## INVITATION

Je confie à l'intercession de sainte Rita tous ceux qui désespèrent.
Et si c'est dans mes habitudes, j'allume un cierge à la paroisse.

## COMMENTAIRE

### Vers la rencontre

Psaume 10 (11)

**« Les hommes droits le verront face à face. » C'est la promesse qui nous est faite en cette veille de Pentecôte de voir Dieu tel qu'il veut se donner à nous. L'expression « face à face » connote la relation personnelle que Dieu établit avec chacun, comme nous avons pu le constater dans les évangiles lus en ce temps pascal. Autant dire que, même si nous cheminons encore dans le clair-obscur de la foi, nous sommes dès à présent invités à nous laisser rencontrer et plus encore habiter. ■**

*Sœur Emmanuelle Billoteau, ermite*

# Sainte Rita de Cascia

**Couleur liturgique : blanc**

*XIVe-XVe siècles. Cette veuve, devenue religieuse augustine à Cascia (Ombrie), fit preuve d'une piété, d'un sens du pardon et d'une patience devant la souffrance tout à fait remarquable.*

## *Antienne d'ouverture*

Sainte Rita de Cascia a reçu
la bénédiction du Seigneur :
elle a trouvé grâce devant Dieu
son Sauveur : car elle appartient
à la race de ceux qui cherchent Dieu,
alléluia. (cf. Ps 23, 5-6)

## *Prière*

Donne-nous, Seigneur, en abondance la sagesse de la Croix et la force d'âme dont tu as voulu combler la bienheureuse Rita : nous pourrons alors supporter avec le Christ les épreuves de la vie, et participer plus profondément au mystère de sa Pâque. Lui qui règne…

***– Amen.***

## *Prière sur les offrandes*

Accepte, Seigneur, comme un hommage de tes serviteurs l'offrande que nous déposons sur ton autel en cette fête de sainte Rita de Cascia ; permets qu'en nous détachant des biens de la terre, nous n'ayons d'autres richesses que toi. Par Jésus…

***– Amen.***

## *Antienne de la communion*

Goûtez et voyez comme est bon
le Seigneur, heureux qui trouve
en lui son refuge, alléluia.
(Ps 33, 9)

## *Prière après la communion*

Par la puissance de cette communion, Seigneur, conduis-nous toujours dans la voie de ton amour, comme tu fis pour sainte Rita de Cascia ; l'œuvre de salut que tu as entreprise en nous, poursuis-la jusqu'au jour du Christ. Lui qui…

***– Amen.***

# DIMANCHE 23 MAI 2021

## PENTECÔTE

**ANNÉE B COULEUR LITURGIQUE : ROUGE**

**Aujourd'hui, une Bonne Nouvelle inédite résonne** dans la communauté des croyants ! Ils ne seront plus jamais seuls : l'Esprit leur est donné. Un esprit d'audace pour témoigner, un esprit de discernement pour choisir le chemin de la vérité, un esprit de force pour traverser les épreuves. À tout instant, il est présence de Dieu dans le monde.

## OUVERTURE DE LA CÉLÉBRATION

***Chant d'entrée*** *(Suggestions p. 261)*

*OU*

***Antienne d'ouverture***

L'Esprit du Seigneur remplit l'univers,
et lui qui englobe toutes choses, sait se faire comprendre
des hommes de toutes langues, alléluia. (Sg 1, 7)

*OU*

L'amour de Dieu a été répandu dans nos cœurs
par son Esprit qui habite en nous, alléluia.
(Rm 5, 5 ; 8, 11)

***Suggestion de préparation pénitentielle*** *(ou p. 232)*

Habités par l'Esprit de Dieu qui éclaire nos routes, demandons le pardon du Seigneur.

Seigneur, toi qui nous fais vivre par ton Esprit et nous appelles à vivre sous sa conduite, accorde-nous ton pardon.

***— Nous avons péché contre toi.***

Toi, qui te donnes en partage à tous les hommes, montre-nous ta miséricorde.

***— Et nous serons sauvés.***

Que Dieu tout-puissant nous fasse miséricorde ; qu'il nous pardonne nos péchés et nous conduise à la vie éternelle. ***— Amen.***

*Gloire à Dieu* *(p. 234)*

*Prière*

Aujourd'hui, Seigneur, par le mystère de la Pentecôte, tu sanctifies ton Église chez tous les peuples et dans toutes les nations ; répands les dons du Saint-Esprit sur l'immensité du monde, et continue dans les cœurs des croyants l'œuvre d'amour que tu as entreprise au début de la prédication évangélique. Par Jésus Christ… – ***Amen.***

## LITURGIE DE LA PAROLE

***Lecture*** du livre des Actes des Apôtres (2, 1-11)

*« Tous furent remplis d'Esprit Saint et se mirent à parler »*

**Quand arriva le jour de la Pentecôte, au terme des cinquante jours après Pâques, ils se trouvaient réunis tous ensemble. Soudain un bruit survint du ciel comme un violent coup de vent : la maison où ils étaient assis en fut remplie tout entière.**

**Alors leur apparurent des langues qu'on aurait dites de feu, qui se partageaient, et il s'en posa une sur chacun d'eux. Tous furent remplis d'Esprit Saint : ils se mirent à parler en d'autres langues, et chacun s'exprimait selon le don de l'Esprit.**

**Or, il y avait, résidant à Jérusalem, des Juifs religieux, venant de toutes les nations sous le ciel. Lorsque ceux-ci entendirent la voix qui retentissait, ils se rassemblèrent en foule. Ils étaient en pleine**

confusion parce que chacun d'eux entendait dans son propre dialecte ceux qui parlaient.
Dans la stupéfaction et l'émerveillement, ils disaient : « Ces gens qui parlent ne sont-ils pas tous galiléens ? Comment se fait-il que chacun de nous les entende dans son propre dialecte, sa langue maternelle ? Parthes, Mèdes et Élamites, habitants de la Mésopotamie, de la Judée et de la Cappadoce, de la province du Pont et de celle d'Asie, de la Phrygie et de la Pamphylie, de l'Égypte et des contrées de Libye proches de Cyrène, Romains de passage, Juifs de naissance et convertis, Crétois et Arabes, tous nous les entendons parler dans nos langues des merveilles de Dieu. »
– Parole du Seigneur.

## *Psaume* 103 (104)

# "Ô Seigneur, envoie ton Esprit qui renouvelle la face de la terre !"

## *Psaume* 103 (104)

℟ ***Ô Seigneur, envoie ton Esprit qui renouvelle la face de la terre !***

*OU* ***Alléluia !***

*T. : AELF ; M. : J.-P. Lécot ; Éd. : ADF.*

Bénis le Seigneur, ô mon âme ;
Seigneur mon Dieu, tu es si grand !
Quelle profusion dans tes œuvres, Seigneur !
La terre s'emplit de tes biens. ℟

Tu reprends leur souffle, ils expirent
et retournent à leur poussière.
Tu envoies ton souffle : ils sont créés ;
tu renouvelles la face de la terre. ℟

Retrouvez ce psaume sur le CD "Les psaumes de l'année B"

Gloire au Seigneur à tout jamais !
Que Dieu se réjouisse en ses œuvres !
Que mon poème lui soit agréable ;
moi, je me réjouis dans le Seigneur. ℟

## *Lecture* de la lettre de saint Paul apôtre aux Galates (5, 16-25)

*« Le fruit de l'Esprit »*

**Frères, je vous le dis : marchez sous la conduite de l'Esprit Saint, et vous ne risquerez pas de satisfaire les convoitises de la chair. Car les tendances de la chair s'opposent à l'Esprit, et les tendances de l'Esprit s'opposent à la chair. En effet, il y a là un affrontement qui vous empêche de faire tout ce que vous voudriez. Mais si vous vous laissez conduire par l'Esprit, vous n'êtes pas soumis à la Loi. On sait bien à quelles actions mène la chair : inconduite, impureté, débauche, idolâtrie, sorcellerie, haines, rivalité, jalousie, emportements, intrigues, divisions, sectarisme, envie, beuveries, orgies et autres choses du même genre. Je vous préviens, comme je l'ai déjà fait : ceux qui commettent de telles actions ne recevront pas en héritage le royaume de Dieu. Mais voici le fruit de l'Esprit : amour, joie, paix, patience, bonté, bienveillance, fidélité, douceur et maîtrise de soi. En ces domaines, la Loi n'intervient pas. Ceux qui sont au Christ Jésus ont crucifié en eux la chair, avec ses passions et ses convoitises. Puisque l'Esprit nous fait vivre, marchons sous la conduite de l'Esprit.** – Parole du Seigneur.

## *Séquence*

Viens, Esprit Saint, en nos cœurs
et envoie du haut du ciel
un rayon de ta lumière.

Viens en nous, père des pauvres,
viens, dispensateur des dons,
viens, lumière de nos cœurs.

Consolateur souverain,
hôte très doux de nos âmes,
adoucissante fraîcheur.

Dans le labeur, le repos ;
dans la fièvre, la fraîcheur ;
dans les pleurs, le réconfort.

Ô lumière bienheureuse,
viens remplir jusqu'à l'intime
le cœur de tous tes fidèles.

Sans ta puissance divine,
il n'est rien en aucun homme,
rien qui ne soit perverti.

Lave ce qui est souillé,
baigne ce qui est aride,
guéris ce qui est blessé.

Assouplis ce qui est raide,
réchauffe ce qui est froid,
rends droit ce qui est faussé.

À tous ceux qui ont la foi
et qui en toi se confient
donne tes sept dons sacrés.

Donne mérite et vertu,
donne le salut final,
donne la joie éternelle.
**— *Amen.***

### *Acclamation de l'Évangile*

***Alléluia. Alléluia.*** Viens, Esprit Saint ! Emplis le cœur de tes fidèles ! Allume en eux le feu de ton amour ! ***Alléluia.***

*U 76-98; M. : P. Robert; ADF-Musique.*

## Évangile de Jésus Christ selon saint Jean (15, 26-27 ; 16, 12-15)

*« L'Esprit de vérité vous conduira dans la vérité tout entière »*

**En ce temps-là, Jésus disait à ses disciples : « Quand viendra le Défenseur, que je vous enverrai d'auprès du Père, lui, l'Esprit de vérité qui procède du Père, il rendra témoignage en ma faveur. Et vous aussi, vous allez rendre témoignage, car vous êtes avec moi depuis le commencement. J'ai encore beaucoup de choses à vous dire, mais pour l'instant vous ne pouvez pas les porter. Quand il viendra, lui, l'Esprit de vérité, il vous conduira dans la vérité tout**

entière. En effet, ce qu'il dira ne viendra pas de lui-même : mais ce qu'il aura entendu, il le dira ; et ce qui va venir, il vous le fera connaître. Lui me glorifiera, car il recevra ce qui vient de moi pour vous le faire connaître. Tout ce que possède le Père est à moi ; voilà pourquoi je vous ai dit : L'Esprit reçoit ce qui vient de moi pour vous le faire connaître. »

## *Homélie*

## *Profession de foi* *(p. 235)*

## *Suggestion de prière universelle*

*Le prêtre :* Tournons vers le Seigneur qui montre toujours à son peuple le chemin de la vie.

℟ ***Envoie ton Esprit, Seigneur, et tout sera créé, tu renouvelleras la face de la terre.***

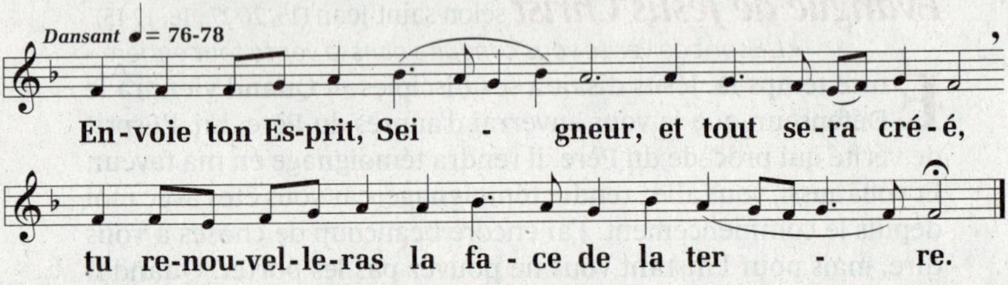


*T. : Daniel Bourgeois, Jean-Philippe Revel ; A. Gouzes ; Abbaye de Sylvanès.*

*Le diacre ou un lecteur :*

Pour que les peuples de toutes langues se comprennent grâce au langage de la paix et de la justice, Seigneur, envoie ton Esprit. ℟

Pour que les baptisés et les confirmés de ce temps pascal soient des témoins audacieux de l'Évangile, Seigneur, envoie ton Esprit. ℟

Pour que soit renouvelée la face de la terre grâce à celles et ceux qui prennent soin de leurs frères et sœurs déplacés, violentés, méprisés, Seigneur, envoie ton Esprit. ℟

Pour que la raison économique ne conduise pas à négliger l'environnement et la bonne santé de notre planète, Seigneur, envoie ton Esprit. ℟

*(Ces intentions seront adaptées ou modifiées selon les circonstances.)*

*Le prêtre :*

Seigneur, toi qui te réjouis en tes œuvres, dans ta tendresse, réponds à nos prières. Nous te le demandons par Jésus le Christ notre Seigneur. ***— Amen.***

## LITURGIE EUCHARISTIQUE

### *Prière sur les offrandes*

Dieu notre Père, réponds à notre attente, souviens-toi de la promesse de ton Fils : que l'Esprit Saint nous fasse pénétrer plus avant dans l'intelligence du mystère eucharistique et nous ouvre à la vérité tout entière. Par Jésus… **— *Amen.***

***Prière eucharistique*** *(Préface de la Pentecôte)*
Vraiment, il est juste et bon de te rendre gloire, de t'offrir notre action de grâce, toujours et en tout lieu, à toi, Père très saint, Dieu éternel et tout-puissant. Pour accomplir jusqu'au bout le mystère de la Pâque, tu as répandu aujourd'hui l'Esprit Saint sur ceux dont tu as fait tes fils en les unissant à ton Fils unique. C'est ton Esprit qui a donné à tous les peuples, au commencement de l'Église, la connaissance du vrai Dieu, afin qu'ils confessent chacun dans sa langue une seule et même foi. C'est pourquoi le peuple des baptisés, rayonnant de la joie pascale, exulte par toute la terre, tandis que les anges dans le ciel chantent sans fin l'hymne de ta gloire : ***Saint ! Saint ! Saint…***

***Chant de communion*** *(Suggestions p. 261)*
*OU*
***Antienne de la communion***
Les disciples furent remplis de l'Esprit Saint,
pour aller proclamer les merveilles de Dieu, alléluia. (Ac 2, 4. 11)

***Prière après la communion***
Dieu qui accordes les biens du ciel à ton Église, protège la grâce que tu viens de lui donner : que le souffle de la Pentecôte agisse

avec toujours plus de force ; que ce repas sanctifié par l'Esprit fasse progresser le monde vers son salut. Par Jésus… – ***Amen.***

## CONCLUSION DE LA CÉLÉBRATION

### *Bénédiction solennelle*

Aujourd'hui, Dieu le Père de toute lumière a envoyé l'Esprit Saint au cœur des disciples du Christ, il les a illuminés : que ce même Esprit vous pénètre et sanctifie en vous ses dons.

– ***Amen.***

Que le feu d'en haut venu sur les disciples consume tout mal au fond de vos cœurs et vous fasse porter au monde sa lumière.

– ***Amen.***

C'est l'Esprit qui a rassemblé des hommes de toutes langues dans la profession de la même foi : qu'il vous garde fidèles à cette foi, et dans l'espérance du jour de Dieu.

– ***Amen.***

Et que Dieu tout-puissant vous bénisse, le Père, et le Fils ✠ et le Saint-Esprit.

– ***Amen.***

### *Envoi*

**COMMENTAIRE DU DIMANCHE**

**Père Vincent Leclercq,** assomptionniste

# La force de Dieu

Avant de partir, un chef désigne souvent son successeur. Le Seigneur, lui, préfère nous laisser un héritage. Ni une personne ni quelques biens mais le trésor d'une relation. Le Père aime le Fils : il s'est reconnu dans tout ce qu'il a pu dire ou faire en son nom. Le Fils aime le Père : il n'a jamais cessé de se nourrir de sa présence et d'accomplir sa volonté. L'Esprit Saint vient de cette communion d'amour entre le Père et le Fils. Il nous est donné pour poursuivre l'aventure de la foi. Avec la Pentecôte, vient le temps de l'Église. Sa mission est d'annoncer à tous le salut, le salut de Dieu.

Depuis de nombreux mois, nous expérimentons la fragilité de nos vies. Mais puissions-nous ressentir aussi la force de Dieu. Son salut est plus solide que nos santés éprouvées et nos cœurs

endeuillés. Il est un remède contre la solitude ou les distances qui nous découragent. Aujourd'hui, le Père vient refaire nos forces et nous partager sa vie.
Sur les chemins de Palestine, le Fils a manifesté la gloire de Dieu. Son Évangile a illuminé la vie de nos aînés dans la foi. Et depuis vingt siècles, l'Église célèbre la présence du Ressuscité. Nous aussi, nous avons écouté les paroles et observé les actes de Jésus. Avec l'Esprit Saint, nous accueillons la vérité du Fils. Au milieu de nous, se tient encore celui que nous ne cessons de découvrir.

Qu'est-il arrivé aux disciples le jour de la Pentecôte ? aux Galates ? à ceux qui nous ont précédés sur le chemin de la foi ?

L'Esprit Saint agit aussi en moi…
Saurai-je l'écouter dans la Parole, le reconnaître à la fraction du pain et en tout ce qui me fait vivre ? ■

PrionsenÉglise Junior

## LIRE L'ÉVANGILE AVEC LES ENFANTS

# CE QUE JE DÉCOUVRE

Tes parents, tes grands-parents ou d'autres personnes t'ont parlé de Jésus. Ils ont pu le faire grâce à l'Esprit Saint reçu le jour de leur baptême. C'est le même Esprit que les Apôtres ont reçu à la Pentecôte, comme un « souffle de vie ». Avant de courir, tu respires profondément. Puis tu contrôles ton souffle pour accompagner ton effort. **L'Esprit Saint, c'est comme le souffle de Dieu.** Il nous donne la vie. Il est avec nous pour toujours.

# CE QUE JE VIS

Qui t'a fait connaître Jésus ?
À qui peux-tu faire connaître Jésus ?
**Fais la liste des situations où tu as besoin de courage…**
**Et demande à Jésus de te donner l'Esprit Saint.**

Texte : P. Cédric Kuntz. Illustrations : Marcelino Truong

**MÉDITATION BIBLIQUE**

**PENTECÔTE**

Lettre de saint Paul apôtre aux Galates 5, 16-25

# Nouvelle voie, nouvelle vie

**La Pentecôte confirme qu'une autre vision du monde et de la relation à Dieu est possible.**

## Le temps de la préparation

**« Tu envoies ton souffle : ils sont créés ; tu renouvelles la face de la terre. » Ps 103 (104), 30**

## Le temps de l'observation

De quelle chair parle donc Paul ? Que désigne-t-il de façon si négative ? À bien lire le passage de l'épître aux Galates, la chair est ce qui conduit à toute une série d'attitudes de division, de dépendance et d'insatisfaction. Autant de comportements qui sont habituellement régulés par la loi ou la morale. Selon lui, la chair est ce qui n'obéit qu'à l'interdit, la limite, la règle. Or, Paul laisse entrevoir que les chrétiens doivent voir le monde autrement. Dans la voie que révèle le Dieu de Jésus, « la Loi n'intervient pas ». Cela ne signifie pas que la Loi et la règle n'ont plus de …

...poids ou disparaissent mais qu'elles ne sont plus le ressort de ce nouveau mode de vie. L'Évangile n'est pas une morale, ni les Béatitudes une nouvelle loi. Il s'agit d'une vision radicalement nouvelle qui invite à vivre de l'Esprit pour devenir enfant de Dieu plutôt qu'à se soumettre à des injonctions et à rester esclave. C'est une nouveauté radicale.

## Le temps de la méditation

La nouveauté est tellement radicale que nous avons beaucoup de mal à la comprendre. Soit nous pensons que Paul rabaisse la chair et nous ne pouvons pas le suivre. Soit nous pensons qu'il abandonne toute notion de Loi et cela nous semble dangereux. Autant de malentendus qui entravent la compréhension de cette nouvelle façon de voir. En devenant disciple du Christ, Paul a découvert une façon de vivre pour laquelle la Loi n'est pas absente mais est devenue dépassée, inefficace, en dessous du niveau de l'humain. Si elle reste, c'est en tant que garde-fou pour préserver la personne du pire. Mais Paul nous enjoint de ne plus regarder ni le monde ni la spiritualité d'abord sous cet angle. Si « la Loi n'intervient pas », c'est que l'Esprit de Dieu a mieux à nous offrir. Toute la difficulté sera dès lors de le recevoir, de lui faire confiance, de se connecter à la vie qui vient de lui et non pas aux calculs qui viennent de nous.

## Le temps de la prière

**« Puisque l'Esprit nous fait vivre, marchons sous la conduite de l'Esprit. » (Ga 5, 25)** ■

**Marie-Laure Durand,**
bibliste

***Une prière*** *de Normand Provencher, pour ce dimanche*

# Laissons l'Esprit souffler

Seigneur Dieu, répands ton Esprit sur notre monde.
Que ton souffle donne à notre terre malade et menacée
un regain de jeunesse, de vie et d'énergie.
Que ta force ranime la vie partout où elle décline.
Sois le Dieu des recommencements !
Seigneur Dieu, répands ton Esprit sur notre Église.
Sois l'inspirateur de toute communion
et le promoteur de la liberté.
Sois le défenseur des témoins de l'Évangile.
Sois le soutien de ceux et celles qui empruntent
des chemins nouveaux vers demain.
Sois le Dieu de la nouveauté !
Seigneur Dieu, répands ton Esprit de vérité
en chacun et chacune de nous.
Sois le Dieu de la liberté et de l'amour
avec Jésus, dans la gloire du Père. Amen.

**DES IMAGES POUR LA FOI**

**PENTECÔTE**

# Marie et le don de Dieu

**Comme pour de nombreuses représentations de la Pentecôte, c'est Marie, figure de l'Église, qui occupe la place centrale de ce fragment de retable.**

C'est le jour de la Pentecôte. Les douze Apôtres et Marie sont réunis pour prier dans la « chambre haute » (Ac 1, 3-14) et l'Esprit descend sur chacun d'eux sous la forme de langues de feu que le sculpteur s'est appliqué à matérialiser. Dans cette composition savamment travaillée, la mère de Jésus est la figure centrale. Placée sur l'axe vertical de l'image, elle est le pôle qui oriente les regards et les attitudes des disciples. Devant le mystère du don de Dieu, leurs yeux se tournent naturellement vers celle qui en est le plus proche. La silhouette de la Vierge assise (comme sur un trône) délimite un triangle, point de départ de la construction de l'image : une forme stable qui évoque la solidité de la foi. Marie est la figure de l'Église qui naît ici. Tous les acteurs de cette scène portent le même type de vêtement si bien que les carnations de leurs mains jointes et de leurs visages semblent émerger d'un unique drapé doré – dont l'éclat est renforcé par le bleu foncé des revers – aux plis à bec marqués. Marie n'est pas isolée des Apôtres, elle forme avec eux le corps du Christ (1 Co 12, 27). ■

**Dominique Pierre**, journaliste

© Hervé Champollion / akg-images

**Pentecôte, retable, bois polychrome, gothique tardif (XVe siècle ?). Cathédrale d'Erfurt (Allemagne).**

# LUNDI 24 MAI 2021

COULEUR LITURGIQUE : BLANC

**Bienheureuse Vierge Marie, Mère de l'Église**

*Depuis 2018, cette mémoire est inscrite au calendrier romain le lundi de Pentecôte.*

## *Antienne d'ouverture*

**D'un seul cœur, les Apôtres participaient fidèlement à la prière avec Marie, la mère de Jésus.** (cf. Ac 1, 14)

## *Prière*

Dieu de miséricorde, notre Père, ton Fils unique, en mourant sur la croix, a voulu que la Vierge Marie, sa mère, soit aussi notre mère. Accorde à ton Église, soutenue par son amour, la joie de donner naissance à des enfants toujours plus nombreux, de les voir grandir en sainteté et d'attirer à elle toutes les familles des peuples. Par Jésus Christ… ***— Amen.***

*Lectures propres à la mémoire de la bienheureuse Vierge Marie, Mère de l'Église.*

## Lecture

du livre de la Genèse (3, 9-15. 20)

*« Je mettrai une hostilité entre ta descendance et la descendance de la femme »*

**Quand Adam eut mangé du fruit de l'arbre, le Seigneur Dieu l'appela et lui dit : « Où es-tu donc ? » L'homme répondit : « J'ai entendu ta voix dans le jardin, j'ai pris peur parce que je suis nu, et je me suis caché. » Le Seigneur reprit : « Qui donc t'a dit que tu étais nu ? Aurais-tu mangé de l'arbre dont je t'avais interdit de manger ? » L'homme répondit :**

« La femme que tu m'as donnée, c'est elle qui m'a donné du fruit de l'arbre, et j'en ai mangé. » Le Seigneur Dieu dit à la femme : « Qu'as-tu fait là ? » La femme répondit : « Le serpent m'a trompée, et j'ai mangé. » Alors le Seigneur Dieu dit au serpent : « Parce que tu as fait cela, tu seras maudit parmi tous les animaux et toutes les bêtes des champs. Tu ramperas sur le ventre et tu mangeras de la poussière tous les jours de ta vie. Je mettrai une hostilité entre toi et la femme, entre ta descendance et sa descendance : celle-ci te meurtrira la tête, et toi, tu lui meurtriras le talon. » L'homme appela sa femme Ève (c'est-à-dire : la vivante), parce qu'elle fut la mère de tous les vivants.
– Parole du Seigneur.

*On peut aussi lire Actes 1, 12-14.*

## *Psaume* 86 (87)

℟ ***Gloire est chantée de toi, sainte cité de Dieu !***

Elle est fondée sur les montagnes saintes.
Lui, le Très-Haut, la maintient.
Le Seigneur aime les portes de Sion
plus que toutes les demeures de Jacob. ℟

Pour ta gloire on parle de toi,
ville de Dieu !
Mais on appelle Sion : « Ma mère ! »
car en elle, tout homme est né. ℟

Au registre des peuples, le Seigneur écrit :
« Chacun est né là-bas. »
Tous ensemble ils dansent, et ils chantent :
« En toi, toutes nos sources ! » ℟

### *Acclamation de l'Évangile*

***Alléluia. Alléluia.*** Vierge bienheureuse, tu as enfanté le Seigneur. Mère de l'Église, tu nous apprends à garder l'Esprit de ton Fils. ***Alléluia.***

## *Évangile de Jésus Christ*

selon saint Jean (19, 25-34)

*« Voici ton fils »*

Près de la croix de Jésus se tenaient sa mère et la sœur de sa mère, Marie, femme de Cléophas, et Marie Madeleine. Jésus, voyant sa mère, et près d'elle le disciple qu'il aimait, dit à sa mère : « Femme, voici ton fils. » Puis il dit au disciple : « Voici ta mère. » Et à partir de cette heure-là, le disciple la prit chez lui. Après cela, sachant que tout, désormais, était achevé pour que l'Écriture s'accomplisse jusqu'au bout, Jésus dit : « J'ai soif. » Il y avait là un récipient plein d'une boisson vinaigrée. On fixa donc une éponge remplie de ce vinaigre à une branche d'hysope, et on l'approcha de sa bouche. Quand il eut pris le vinaigre, Jésus dit : « Tout est accompli. » Puis, inclinant la tête, il remit l'esprit. Comme c'était le jour de la Préparation (c'est-à-dire le vendredi), il ne fallait pas laisser les corps en croix durant le sabbat, d'autant plus que ce sabbat était le grand jour de la Pâque. Aussi les Juifs demandèrent à Pilate qu'on enlève les corps après leur avoir brisé les jambes. Les soldats allèrent donc briser les jambes du premier, puis de l'autre homme crucifié avec Jésus. Quand ils arrivèrent à Jésus, voyant qu'il était déjà mort, ils ne lui brisèrent pas les jambes, mais un des soldats avec sa lance lui perça le côté ; et aussitôt, il en sortit du sang et de l'eau.

### *Prière sur les offrandes*

Accueille, Seigneur, nos offrandes pour en faire le mystère de notre salut : que sa puissance brûle nos cœurs du même amour que la Vierge Marie, Mère de l'Église, afin que nous puissions plus intimement participer avec elle à l'œuvre de la rédemption. Par Jésus… – ***Amen.***

### *Prière eucharistique*

*(Préface de la Vierge Marie, Mère de l'Église)*

Vraiment, il est juste et bon de te rendre gloire, de t'offrir notre action de grâce, toujours et en tout lieu, à toi, Père très saint, Dieu éternel et tout-puissant. Pour célébrer la Vierge Marie, c'est à toi que s'adressent nos louanges. En accueillant ta parole dans un cœur immaculé, elle a mérité de la concevoir dans son sein virginal. En donnant naissance à son Créateur, elle a préparé les commencements de l'Église. En recevant au pied de la croix le testament d'amour de son Fils, elle a reçu pour fils tous les hommes que la mort du Christ a fait naître à la vie divine. Quand les Apôtres attendaient l'Esprit qui leur était promis, elle a joint sa supplication à celle des disciples, devenant ainsi le modèle de l'Église en prière. Élevée dans la gloire du ciel, elle accompagne et protège l'Église de son amour maternel dans sa marche vers la patrie jusqu'au jour de la venue glorieuse du Seigneur. C'est pourquoi avec les anges et tous les saints, nous chantons l'hymne de ta gloire et sans fin nous proclamons : ***Saint ! Saint ! Saint…***

*Antienne de la communion*

Il y eut des noces à Cana en Galilée, et la mère de Jésus était là. C'est alors que Jésus fit le premier de ces signes : il manifesta sa gloire et ses disciples crurent en lui.

(cf. Jn 2, 1-11)

*Prière après la communion*

Nous avons reçu le gage de la rédemption et de la vie, et nous te supplions encore, Seigneur : qu'avec l'aide maternelle de la Vierge Marie, ton Église proclame à tous les peuples le message de l'Évangile et qu'elle remplisse le monde entier de l'effusion de ton Esprit. — ***Amen.***

## INVITATION

Je peux prier le chapelet de Lourdes en le regardant en direct à 15 h 30 sur le site du sanctuaire www.lourdes-france.org. Et avoir une intention particulière pour l'Église.

## COMMENTAIRE

**Mère de tendresse** Jean 19, 25-34

**Marie est mère de Jésus. Pour le meilleur et pour le pire. Elle s'émerveille des mots balbutiants de l'Enfant-Dieu. Trente ans plus tard, elle reçoit de son fils en croix, la mission de nous accompagner sur le chemin de la foi. Que ce soit dans nos joyeuses découvertes de la Bonne Nouvelle. Ou dans les heures sombres de nos désarrois. Ou encore dans nos audaces à témoigner de l'Évangile. À tout moment, Marie veille sur nous. Avec tendresse. ■**

*Père Thibault Van Den Driessche, assomptionniste*

# MARDI 25 MAI 2021

8[E] SEMAINE DU TEMPS ORDINAIRE COULEUR LITURGIQUE : VERT

**Temps ordinaire,** *suggestion d'oraisons et d'antiennes n° 26*
*ou* **saint Bède le Vénérable**
*ou* **saint Grégoire VII** *ou* **sainte Marie-Madeleine de Pazzi**

## *Antienne d'ouverture*

**Tu nous as traités, Seigneur, en toute justice, car nous avons péché, nous n'avons pas écouté tes commandements. Mais, pour l'honneur de ton nom, traite-nous selon la richesse de ta miséricorde.**
(Dn 3, 31. 29. 30. 43. 42)

## *Prière*

Dieu qui donnes la preuve suprême de ta puissance lorsque tu patientes et prends pitié, sans te lasser, accorde-nous ta grâce : en nous hâtant vers les biens que tu promets, nous parviendrons au bonheur du ciel. Par Jésus Christ… ***— Amen.***

## Lecture

du livre de Ben Sira le Sage (35, 1-15)

*« C'est offrir un sacrifice de paix que s'attacher aux commandements »*

C'est présenter de multiples offrandes que d'observer la Loi ; c'est offrir un sacrifice de paix que s'attacher aux commandements. C'est apporter une offrande de fleur de farine que se montrer reconnaissant ; c'est présenter un sacrifice de louange que faire l'aumône. On obtient la bienveillance du Seigneur en se détournant du mal ; on offre un sacrifice d'expiation en se détournant de l'injustice. Ne te présente pas devant le Seigneur les mains vides. Accomplis tout cela car tel est son commandement. L'offrande de l'homme juste est comme la graisse des sacrifices sur l'autel, son agréable odeur s'élève devant le Très-Haut. Le sacrifice de l'homme juste est agréé par Dieu qui en gardera mémoire. Rends gloire au Seigneur sans être regardant : ne retranche rien des prémices de ta récolte. Chaque fois que tu fais un don, montre un visage joyeux ; consacre de bon cœur à Dieu le dixième de ce que tu gagnes. Donne au Très-Haut selon ce qu'il te donne, et, sans être regardant, selon tes ressources. Car le Seigneur est celui qui paye de retour ; il te rendra sept fois plus que tu n'as donné. N'essaye pas de l'influencer par des présents, il ne les acceptera pas ; ne mets pas ta confiance dans un sacrifice injuste. Car le Seigneur est un juge qui se montre impartial envers les personnes.

– Parole du Seigneur.

## *Psaume* 49 (50)

℟ ***À celui qui veille sur sa conduite, je ferai voir le salut de Dieu.***

Dieu convoque les hauteurs des cieux
et la terre au jugement de son peuple :
« Assemblez devant moi mes fidèles,
eux qui scellent d'un sacrifice mon alliance. »
Et les cieux proclament sa justice :
oui, le juge, c'est Dieu ! ℟

« Écoute, mon peuple, je parle ;
Israël, je te prends à témoin.
Moi, Dieu, je suis ton Dieu !
Je ne t'accuse pas pour tes sacrifices ;
tes holocaustes sont toujours
devant moi. ℟

« Offre à Dieu le sacrifice d'action de grâce,
accomplis tes vœux envers le Très-Haut.
Qui offre le sacrifice d'action de grâce,
celui-là me rend gloire :
sur le chemin qu'il aura pris,
je lui ferai voir le salut de Dieu. » ℟

### *Acclamation de l'Évangile*

***Alléluia. Alléluia.*** Tu es béni, Père, Seigneur du ciel et de la terre, tu as révélé aux tout-petits les mystères du Royaume ! ***Alléluia.***

## *Évangile de Jésus Christ*

selon saint Marc (10, 28-31)

*« Vous recevrez, en ce temps déjà, le centuple, avec des persécutions, et, dans le monde à venir, la vie éternelle »*

En ce temps-là, Pierre se mit à dire à Jésus : « Voici que nous avons tout quitté pour te suivre. » Jésus déclara : « Amen, je vous le dis : nul n'aura quitté, à cause de moi et de l'Évangile, une maison, des frères, des sœurs, une mère, un père, des enfants ou une terre sans qu'il reçoive, en ce temps déjà, le centuple : maisons, frères, sœurs, mères, enfants et terres, avec des persécutions*, et, dans le monde à venir, la vie éternelle. Beaucoup de premiers seront derniers, et les derniers seront les premiers. »

23 - 29

### *Prière sur les offrandes*

Dieu de miséricorde, accepte notre offrande : qu'elle ouvre largement pour nous la source de toute bénédiction. Par Jésus… — ***Amen.***

*Antienne de la communion*

Souviens-toi, Seigneur, de la parole que tu m'as donnée ; en elle j'ai mis mon espoir, et, dans ma misère, elle est pour moi un réconfort.

(Ps 118, 49-50)

*OU*

À ceci nous avons reconnu l'Amour : Jésus a donné sa vie pour nous ; nous devons donc, à notre tour, donner notre vie pour nos frères.

(1 Jn 3, 16)

*Prière après la communion*

Que cette eucharistie, Seigneur, renouvelle nos esprits et nos corps, et nous donne part à l'héritage glorieux de celui qui nous unit à son sacrifice lorsque nous proclamons sa mort. Lui qui… — ***Amen.***

**INVITATION**

Je réfléchis à un geste concret de sobriété.
Ce sera mon offrande du jour au Seigneur.

## COMMENTAIRE

### Un sourire aux lèvres

Ben Sira 35, 1-15

**Donner avec un visage joyeux ? Facile à dire. Nous déposséder, sourire aux lèvres, non seulement de nos bas de laines, mais aussi de nos suffisances, de nos arrogances peut-être. Qui aime se défaire de ressources matérielles ou morales ? Dans le royaume des Cieux pourtant, les règles sont inversées. Perdre, c'est gagner. Et vider nos mains, nos têtes, nos cœurs, revient à « creuser la place dans nos mains, nos têtes, nos cœurs, pour le royaume des Cieux qui passe » (Madeleine Delbrêl). ■**

*Père Thibault Van Den Driessche, assomptionniste*

## ❋ CLÉ DE LECTURE

### « Avec des persécutions »

Marc 10, 31 *(p. 185)*

**Formulation paradoxale et provocatrice de Marc, qui n'hésite pas à manier l'ironie ! À ceux qui, en période de tracasseries et de persécutions, s'attacheraient à l'idée d'une rétribution terrestre et espéreraient un retour à leur prospérité passée, il répond qu'ils retrouveront, certes, une autre famille, des liens qui ne sont plus ceux du sang mais ceux de la fraternité et du partage, mais aussi que les persécutions ne cesseront pas pour autant. Jésus refuse d'accorder quelque privilège que ce soit à ceux qui le suivront en abandonnant ce qui fait leur quotidien. Ils auront à entrer dans un nouveau mode de vie et de relation, parfois aussi difficile et conflictuel, mais l'annonce de l'Évangile les fera vivre d'une vie nouvelle, éternelle. ■**

*Roselyne Dupont-Roc, bibliste*

# MERCREDI 26 MAI 2021

**8E SEMAINE DU TEMPS ORDINAIRE COULEUR LITURGIQUE : BLANC**

**Saint Philippe Néri** *(1515-1595)*

*Saint de la joie et de la prière, « second apôtre de Rome », il fonda l'Oratoire, société de prêtres séculiers voués au service paroissial et à la prédication.*

## *Antienne d'ouverture*

**« L'Esprit du Seigneur est sur moi, dit Jésus, parce que le Seigneur m'a consacré par l'onction. Il m'a envoyé porter la Bonne Nouvelle aux pauvres, apporter aux opprimés la libération. »** (Lc 4, 18)

## *Prière*

Dieu qui ne cesses d'élever à la sainteté ceux qui te servent fidèlement, accorde-nous d'être embrasés du feu de l'Esprit Saint qui brûlait si merveilleusement au cœur de saint Philippe Néri. Par Jésus Christ… ***— Amen.***

# *Lecture*

du livre de Ben Sira le Sage (36, 1-2. 5-6. 13. 16-22)

*« Que les nations apprennent qu'il n'est pas de dieu hors de toi »*

**Prends pitié de nous, Maître et Dieu de tout ; répands la crainte sur toutes les nations. Qu'elles l'apprennent, comme nous l'avons appris : il n'est pas de dieu hors de toi, Seigneur. Renouvelle les prodiges, recommence les merveilles. Rassemble les tribus de Jacob ; comme aux premiers jours, donne-leur ton héritage. Prends pitié du peuple porteur de ton nom, Israël qui est pour toi un premier-né. Prends compassion de ta Ville sainte, Jérusalem, le lieu de ton repos. Remplis Sion de ta louange,**

et ton sanctuaire, de ta gloire. Rends témoignage à tes créatures des premiers jours ; réveille les prophéties faites en ton nom. Donne la récompense à ceux qui t'attendent ; que tes prophètes soient reconnus dignes de foi. Écoute la prière de tes serviteurs, selon ta bienveillance à l'égard de ton peuple. Et tous, sur la terre, le sauront : tu es « Le Seigneur », le Dieu des siècles !
– Parole du Seigneur.

## *Psaume* 78 (79)

℟ ***Montre-nous, Seigneur, la lumière de ta grâce.***

Ne retiens pas contre nous
les péch<u>é</u>s de nos ancêtres :
que nous vienne bient<u>ô</u>t ta tendresse,
car nous sommes à bo<u>u</u>t de force ! ℟

Aide-nous, Dieu notre Sauveur,
pour la gl<u>o</u>ire de ton nom !
Délivre-nous, eff<u>a</u>ce nos fautes,
pour la ca<u>u</u>se de ton nom ! ℟

Que monte en ta présence la pl<u>a</u>inte du captif !
Ton br<u>a</u>s est fort :
épargne ceux qui d<u>o</u>ivent mourir. ℟

Et nous, ton peuple, le troupea<u>u</u> que
tu conduis,
sans fin nous pourr<u>o</u>ns te rendre grâce
et d'âge en âge proclam<u>e</u>r ta louange. ℟

### *Acclamation de l'Évangile*

***Alléluia. Alléluia.*** Le Fils de l'homme est venu pour servir, et donner sa vie en rançon pour la multitude. ***Alléluia.***

## *Évangile de Jésus Christ*

selon saint Marc (10, 32-45)

*« Voici que nous montons à Jérusalem. Le Fils de l'homme sera livré »*

**En ce temps-là, les disciples étaient en route pour monter à Jérusalem; Jésus marchait devant eux; ils étaient saisis de frayeur, et ceux qui suivaient étaient aussi dans la crainte. Prenant de nouveau les Douze auprès de lui, il se mit à leur dire ce qui allait lui arriver : « Voici que nous montons à Jérusalem. Le Fils de l'homme sera livré aux grands prêtres et aux scribes; ils le condamneront à mort, ils le livreront aux nations païennes, qui se moqueront de lui, cracheront sur lui, le flagelleront et le tueront, et trois jours après, il ressuscitera. » Alors, Jacques et Jean, les fils de Zébédée, s'approchent de Jésus et lui disent : « Maître, ce que nous allons te demander, nous voudrions que tu le fasses pour nous. » Il leur dit : « Que voulez-vous que je fasse pour vous ? » Ils lui répondirent : « Donne-nous de siéger, l'un à ta droite et l'autre à ta gauche, dans ta gloire. » Jésus leur dit : « Vous ne savez pas ce que vous demandez. Pouvez-vous boire la coupe que je vais boire, être baptisés du baptême dans lequel je vais être plongé ? » Ils lui dirent : « Nous le pouvons. » Jésus leur dit : « La coupe que je vais boire, vous la boirez; et vous serez baptisés du baptême dans lequel je vais être plongé. Quant à siéger à ma droite ou à ma gauche, ce n'est pas à moi de**

l'accorder ; il y a ceux pour qui cela est préparé. » Les dix autres, qui avaient entendu, se mirent à s'indigner contre Jacques et Jean. Jésus les appela et leur dit : « Vous le savez : ceux que l'on regarde comme chefs des nations les commandent en maîtres ; les grands leur font sentir leur pouvoir. Parmi vous, il ne doit pas en être ainsi. Celui qui veut devenir grand parmi vous sera votre serviteur. Celui qui veut être parmi vous le premier sera l'esclave de tous : car le Fils de l'homme n'est pas venu pour être servi, mais pour servir, et donner sa vie en rançon* pour la multitude. »

## *Prière sur les offrandes*

En t'offrant, Seigneur, le sacrifice de louange, nous te demandons cette grâce : puissions-nous, à l'exemple de saint Philippe, travailler à ta gloire et au service du prochain dans une joie continuelle. Par Jésus… — ***Amen.***

## *Antienne de la communion*

« Comme le Père m'a aimé,
moi aussi je vous ai aimés,
dit le Seigneur.
Demeurez dans mon amour. »
(Jn 15, 9)

## *Prière après la communion*

Tu nous as donné, Seigneur, de goûter aux joies du ciel : fais qu'à l'exemple de saint Philippe, nous ayons toujours soif des sources de la vraie vie. Par Jésus… — ***Amen.***



## INVITATION

Comme saint Philippe Néri, « saint de la joie », je partage ma joie de croire.

## COMMENTAIRE

### Maladroite requête

Marc 10, 32-45

« L'orgueil va au pauvre comme une selle à une vache », rappelle un proverbe russe. Ainsi sont les ambitions démesurées des fils de Zébédée, ou les nôtres. Devant le Serviteur des serviteurs qui traverse la mort, nos requêtes peuvent sonner faux. Même nos « vertus » ne peuvent nous assurer les meilleures places : « Ne te crois pas au-dessus des choses à cause de ta bonne conduite, assure saint Benoît, mais reconnais [que] le bien qui est en toi ne vient pas de toi mais du Seigneur. » ■

***Père Thibault Van Den Driessche****, assomptionniste*

## ❊ CLÉ DE LECTURE

### « En rançon »

Marc 10, 45 *(p. 191)*

Le mot « rançon » a servi d'image pour évoquer le salut que Jésus nous offre par sa vie, sa mort et sa résurrection. Il désigne d'abord une libération, le rachat des prisonniers ou des esclaves. Jésus reprend l'image à son compte dans une formule frappante. Il se met lui-même à l'écoute et au service de tous, refuse de répondre à la violence des hommes et leur livre sa propre vie. Il nous libère ainsi de la violence et du péché. Car ce qui réduit les êtres humains en esclavage, c'est le filet enchevêtré de l'orgueil, du mensonge et de la volonté de puissance et de domination qu'ils ne peuvent dénouer. En leur abandonnant sa vie dans un geste d'amour et de pardon, Jésus les arrache à cet esclavage et leur rend l'image de Dieu qu'ils devaient refléter. ■

***Roselyne Dupont-Roc****, bibliste*

**Temps ordinaire,** *suggestion d'oraisons et d'antiennes n° 27*
*ou* **saint Augustin de Cantorbéry**

### *Antienne d'ouverture*

**Tout dépend de ta volonté, Seigneur, et rien ne peut lui résister : c'est toi qui as fait le ciel et la terre et les merveilles qu'ils contiennent. Tu es le Maître de l'univers.**

(Est 13, 9. 10-11)

### *Prière*

Dans ton amour inépuisable, Dieu éternel et tout-puissant, tu combles ceux qui t'implorent, bien au-delà de leurs mérites et de leurs désirs ; répands sur nous ta miséricorde en délivrant notre conscience de ce qui l'inquiète et en donnant plus que nous n'osons demander. Par Jésus Christ… ***— Amen.***

## *Lecture*



du livre de Ben Sira le Sage (42, 15-25)

*« La gloire du Seigneur rayonne dans toute son œuvre »*

**Je vais rappeler les œuvres du Seigneur. Ce que j'ai vu, je vais le raconter : c'est par sa parole que le Seigneur a réalisé ses œuvres, tel fut son décret par sa bénédiction. Comme le soleil, dans son éclat, regarde chaque chose, ainsi la gloire du Seigneur rayonne dans toute son œuvre. Il est impossible aux anges, les saints du Seigneur, de décrire toutes**

les merveilles que le Seigneur souverain de l'univers fit inébranlables pour que l'univers soit affermi dans sa gloire. Le Seigneur a scruté les abîmes et les cœurs, il a discerné leurs subtilités. Car le Très-Haut possède toute connaissance, il a observé les signes des temps, faisant connaître le passé et l'avenir, et dévoilant les traces des choses cachées. Aucune pensée ne lui a échappé, pas une parole ne lui a été cachée. Il a organisé les chefs-d'œuvre de sa sagesse, lui qui existe depuis toujours et pour toujours; rien n'y fut ajouté ni retranché : il n'a eu besoin d'aucun conseiller. Comme toutes ses œuvres sont attirantes, jusqu'à la plus petite étincelle qu'on peut apercevoir! Tout cela vit et demeure à jamais, remplit son office et lui obéit. Tout va par deux, l'un correspond à l'autre, il n'a rien fait de défectueux, il a confirmé l'excellence d'une chose par l'autre; qui se rassasierait de contempler sa gloire?

– Parole du Seigneur.

## *Psaume* 32 (33)

℟ ***Le Seigneur a fait les cieux par sa parole.***

Rendez grâce au Seigneur sur la cithare,
jouez pour lui sur la harpe à dix cordes.
Chantez-lui le cantique nouveau,
de tout votre art soutenez l'ovation. ℟

Oui, elle est droite, la parole du Seigneur;
il est fidèle en tout ce qu'il fait.
Il aime le bon droit et la justice;
la terre est remplie de son amour. ℟

Le Seigneur a fait les cieux par sa parole,
l'univers, par le souffle de sa bouche.
Il amasse, il retient l'eau des mers ;
les océans, il les garde en réserve. ℟

Que la crainte du Seigneur saisisse la terre,
que tremblent devant lui les habitants du monde !
Il parla, et ce qu'il dit exista ;
il commanda, et ce qu'il dit survint. ℟

### *Acclamation de l'Évangile*

***Alléluia. Alléluia.*** Moi, je suis la lumière du monde, dit le Seigneur. Celui qui me suit aura la lumière de la vie. ***Alléluia.***

## *Évangile de Jésus Christ*

selon saint Marc (10, 46b-52)

*« Rabbouni, que je retrouve la vue ! »*

En ce temps-là, tandis que Jésus sortait de Jéricho avec ses disciples et une foule nombreuse, le fils de Timée, Bartimée, un aveugle qui mendiait, était assis au bord du chemin. Quand il entendit que c'était Jésus de Nazareth, il se mit à crier : « Fils de David, Jésus, prends pitié de moi ! » Beaucoup de gens le rabrouaient pour le faire taire, mais il criait de plus belle : « Fils de David, prends pitié de moi ! » Jésus s'arrête et dit : « Appelez-le. » On appelle donc l'aveugle, et on lui dit : « Confiance, lève-toi ; il t'appelle. » L'aveugle jeta son manteau, bondit et courut vers Jésus. Prenant la parole, Jésus lui dit : « Que veux-tu que je fasse pour toi ? » L'aveugle lui dit : « *Rabbouni,* que je retrouve la vue ! » Et Jésus lui dit : « Va, ta foi t'a sauvé. » Aussitôt l'homme retrouva la vue*, et il suivait Jésus sur le chemin.

### *Prière sur les offrandes*

Accepte, Seigneur, le sacrifice que tu nous as donné : dans les mystères que nous célébrons pour te rendre grâce, sanctifie les hommes que tu as sauvés par ton Fils. Lui qui… **— *Amen.***

### *Antienne de la communion*

Le Seigneur est bon pour ceux
qui se tournent vers lui, pour ceux
qui le recherchent.
(Lm 3, 25)

*OU*

À nous tous, nous ne formons
qu'un seul corps, puisqu'il n'y a
qu'un seul pain, nous qui communions
au même pain et à la même coupe.
(cf. 1 Co 10, 17)

### *Prière après la communion*

Accorde-nous, Seigneur notre Dieu, de trouver dans cette communion notre force et notre joie ; afin que nous puissions devenir ce que nous avons reçu : le corps du Christ. Lui qui…
**— *Amen.***

## INVITATION

Que ce soit des yeux ou du cœur, je prie aujourd'hui pour toutes les personnes aveugles.

## COMMENTAIRE

### Promesses de grâces

Ben Sira 42, 15-25

**Allées aux doux pollens, sentiers aux rochers brûlants, pistes neigeuses luisantes, et même chemins de boue, la nature nous enchante. Mais notre regard est-il affûté pour les contempler ? Ou ne voit-il, dans un massif coloré de fleurs odoriférantes, que le menaçant chiendent ? Entrevoyons-nous, dans un ciel grisâtre, les promesses d'une abondante récolte ? Devant le spectacle de la nature, sommes-nous disposés à la gratitude, à la reconnaissance, à la prière d'action de grâce ?** ■

*Père Thibault Van Den Driessche, assomptionniste*

## ✲ CLÉ DE LECTURE

### « La vue »

Marc 10, 51 *(p. 195)*

« Fais que je voie à nouveau.» Le verbe « voir » est ici composé (« ana-blepô ») si bien qu'il peut prendre la double signification : « voir à nouveau » ou « voir en haut ». D'autres demanderont à « voir » au pied de la croix, mais pour tourner en dérision le supposé pouvoir de Jésus et le soutien que Dieu lui accorderait. L'aveugle, lui, demande humblement à retrouver la vue (« à nouveau »). Et par la confiance absolue qu'il fait à Jésus, il devient capable de voir au-delà des apparences, de « voir en haut » la puissance de salut qui est celle de Dieu. Cette foi, que Jésus souligne, le sauve. Dès lors, il peut voir l'essentiel, ces merveilles du Dieu créateur et sauveur que la sagesse d'Israël invitait chacun à contempler pour entrer dans la louange ! ■

*Roselyne Dupont-Roc, bibliste*

# VENDREDI 28 MAI 2021

**8E SEMAINE DU TEMPS ORDINAIRE COULEUR LITURGIQUE : VERT**

**Temps ordinaire,** *suggestion d'oraisons et d'antiennes n° 28*

## *Antienne d'ouverture*

**Si tu retiens les fautes, Seigneur, qui donc subsistera ?**
**Mais près de toi se trouve le pardon, Dieu fidèle.** (Ps 129, 3-4)

## *Prière*

Nous t'en prions, Seigneur, que ta grâce nous devance et qu'elle nous accompagne toujours, pour nous rendre attentifs à faire le bien sans relâche. Par Jésus Christ…
***— Amen.***

## Lecture

du livre de Ben Sira le Sage (44, 1. 9-13)

*Nos ancêtres furent des hommes de miséricorde ;*
*et leur nom reste vivant pour toutes les générations*

**Faisons l'éloge de ces hommes glorieux qui sont nos ancêtres. Il y en a d'autres dont le souvenir s'est perdu ; ils sont morts, et c'est comme s'ils n'avaient jamais existé, c'est comme s'ils n'étaient jamais nés, et de même leurs enfants après eux. Il n'en est pas ainsi des hommes de miséricorde, leurs œuvres de justice n'ont pas été oubliées. Avec leur postérité se maintiendra le bel héritage que sont leurs descendants. Leur postérité a persévéré dans les lois de l'Alliance, leurs enfants y**

sont restés fidèles grâce à eux. Leur descendance subsistera toujours, jamais leur gloire ne sera effacée. – Parole du Seigneur.

## *Psaume* 149

℟ ***Le Seigneur aime son peuple !*** *OU* ***Alléluia !***

Chantez au Seigneur un chant nouveau,
louez-le dans l'assemblée de ses fidèles !
En Israël, joie pour son créateur ;
dans Sion, allégresse pour son Roi ! ℟

Dansez à la louange de son nom,
jouez pour lui, tambourins et cithares !

Car le Seigneur aime son peuple,
il donne aux humbles l'éclat de la victoire. ℟

Que les fidèles exultent, glorieux,
criant leur joie à l'heure du triomphe.
Qu'ils proclament les éloges de Dieu :
c'est la fierté de ses fidèles. ℟

### *Acclamation de l'Évangile*

***Alléluia. Alléluia.*** C'est moi qui vous ai choisis, afin que vous alliez, que vous portiez du fruit, et que votre fruit demeure, dit le Seigneur. ***Alléluia.***

## *Évangile de Jésus Christ*

selon saint Marc (11, 11-25)

*« Ma maison sera appelée maison de prière pour toutes les nations. Ayez foi en Dieu »*

**Après son arrivée au milieu des acclamations de la foule, Jésus entra à Jérusalem, dans le Temple. Il parcourut du regard toutes choses et, comme c'était déjà le soir, il sortit pour aller à Béthanie avec les Douze.**

Le lendemain, quand ils quittèrent Béthanie, il eut faim. Voyant de loin un figuier qui avait des feuilles, il alla voir s'il y trouverait quelque chose ; mais, en s'approchant, il ne trouva que des feuilles, car ce n'était pas la saison des figues. Alors il dit au figuier : « Que jamais plus personne ne mange de tes fruits ! » Et ses disciples avaient bien entendu.
Ils arrivèrent à Jérusalem. Entré dans le Temple, Jésus se mit à expulser ceux qui vendaient et ceux qui achetaient dans le Temple. Il renversa les comptoirs des changeurs et les sièges des marchands de colombes, et il ne laissait personne transporter quoi que ce soit à travers le Temple. Il enseignait, et il déclarait aux gens : « L'Écriture ne dit-elle pas : *Ma maison sera appelée maison de prière pour toutes les nations ?* Or vous, vous en avez fait une caverne de bandits. » Apprenant cela, les grands prêtres et les scribes cherchaient comment le faire périr. En effet, ils avaient peur de lui, car toute la foule était frappée par son enseignement. Et quand le soir tomba, Jésus et ses disciples s'en allèrent hors de la ville.
Le lendemain matin, en passant, ils virent le figuier qui était desséché jusqu'aux racines. Pierre, se rappelant ce qui s'était passé, dit à Jésus : « Rabbi, regarde : le figuier que tu as maudit est desséché. » Alors Jésus, prenant la parole, leur dit : « Ayez foi en Dieu. Amen, je vous le dis : quiconque dira à cette montagne : "Enlève-toi de là, et va te jeter dans la mer", s'il ne doute pas* dans son cœur, mais s'il croit que ce qu'il dit arrivera, cela lui sera accordé ! C'est pourquoi, je vous le dis : tout ce que vous demandez dans la prière, croyez que vous l'avez obtenu, et cela vous sera accordé. Et quand vous vous tenez en prière, si vous avez

quelque chose contre quelqu'un, pardonnez, afin que votre Père qui est aux cieux vous pardonne aussi vos fautes. »

### *Prière sur les offrandes*

Avec ces offrandes, Seigneur, reçois les prières de tes fidèles ; que cette liturgie célébrée avec amour nous fasse passer à la gloire du ciel. Par Jésus… – ***Amen.***

### *Antienne de la communion*

Le riche est dépourvu, affamé,
mais, à la table du Seigneur,
celui qui cherche Dieu ne manque
de rien. (cf. Ps 33, 11)

*OU*

Quand le Fils de Dieu paraîtra,
nous serons semblables à lui,
parce que nous le verrons tel qu'il est.
(1 Jn 3, 2)

### *Prière après la communion*

Dieu souverain, nous te le demandons humblement : rends-nous participants de la nature divine, puisque tu nous as fait communier au corps et au sang du Christ. Lui qui… – ***Amen.***



## INVITATION

Convaincu que le Seigneur me l'accordera,
je lui confie ma demande dans une prière.

## COMMENTAIRE

**L'amour en héritage** Ben Sira 44, 1. 9-13

**« C'était une bonne personne », peut-on entendre à l'issue d'un enterrement, quand les langues se délient autour d'un café. Bonté aux multiples visages : bonhomie, gentillesse, compassion, miséricorde. Baume adoucissant la peine plus que le souvenir des sublimes exploits du même défunt. Aux yeux de Dieu, c'est surtout l'amour qui importe : « Ramasser une épingle par amour peut sauver une âme », écrivait sainte Thérèse de Lisieux. ■**

***Père Thibault Van Den Driessche**, assomptionniste*

## ❊ CLÉ DE LECTURE

**« S'il ne doute pas »** Marc 11, 23 *(p. 200)*

**Qui est assez naïf pour croire que la montagne va se jeter dans la mer ? Pourtant la petite parabole est passée en maxime : la foi soulève les montagnes. Ce que Jésus demande au priant, c'est d'entrer avec une confiance absolue dans l'amour du Père. La prière n'est pas là pour imposer à Dieu une réponse, obtenir des miracles. Le cœur de Dieu n'est qu'attention et amour à celui qui s'en remet à lui, et le priant peut laisser son propre cœur se modifier, la perception de ce qu'il vit et demande changer, pour accueillir les autres et le monde avec le regard aimant de Dieu. Que son cœur alors ne soit pas divisé – c'est le sens du mot « diakrinô », traduit par « doute » –, qu'il ne doute pas de Dieu, mais qu'il se laisse ajuster à la bonté du regard divin. ■**

***Roselyne Dupont-Roc**, bibliste*

# SAMEDI 29 MAI 2021

8e SEMAINE DU TEMPS ORDINAIRE COULEUR LITURGIQUE : VERT

**Temps ordinaire,** *suggestion d'oraisons et d'antiennes n° 29*
*ou* **bienheureuse Vierge Marie,** *voir p. 207, ou* **saint Paul VI,** *voir p. 208*

*Antienne d'ouverture*

**Je t'appelle, mon Dieu, car tu peux me répondre ; écoute-moi ! Entends ce que je dis. Garde-moi comme la prunelle de l'œil ; sois mon abri, protège-moi.** (Ps 16, 6. 8)

*Prière*

Dieu éternel et tout-puissant, fais-nous toujours vouloir ce que tu veux et servir ta gloire d'un cœur sans partage. Par Jésus Christ… ***– Amen.***

## Lecture

du livre de Ben Sira le Sage (51, 12c-20)

*« Je rendrai gloire à celui qui me donne la Sagesse »*

Je veux te rendre grâce et te louer, je bénirai le nom du Seigneur. Quand j'étais encore jeune et que je n'avais pas erré çà et là, aux yeux de tous j'ai cherché la Sagesse dans ma prière. Devant le Temple, je priais pour la recevoir, et jusqu'au bout je la rechercherai. Depuis la fleur jusqu'à la maturité de la grappe, elle a été la joie de mon cœur. Mon pied s'est avancé sur le droit chemin ; depuis ma jeunesse, je marchais sur ses traces. Il m'a suffi de tendre un peu l'oreille pour la recevoir, et j'y ai trouvé de grandes leçons. Grâce à elle, j'ai progressé ; je rendrai gloire

à celui qui me donne la Sagesse. J'ai résolu de la mettre en pratique, ardemment j'ai désiré le bien, et jamais je n'aurai à le regretter. Pour elle, j'ai vaillamment combattu, j'ai mis, à pratiquer la Loi, beaucoup d'exactitude. J'ai levé mes mains vers le ciel, j'ai déploré de la connaître si mal. J'ai dirigé mon âme vers elle, c'est dans la pureté que je l'ai trouvée. Avec elle, dès le commencement, j'ai trouvé l'intelligence, c'est pourquoi je ne serai jamais abandonné.
– Parole du Seigneur.

## *Psaume* 18B (19)

℟ ***Les préceptes du Seigneur sont droits, ils réjouissent le cœur.***

La loi du Seigneur est parfaite,
qui redonne vie ;
la charte du Seigneur est sûre,
qui rend sages les simples. ℟

Les préceptes du Seigneur sont droits,
ils réjouissent le cœur ;
le commandement du Seigneur est limpide,
il clarifie le regard. ℟

La crainte qu'il inspire est pure,
elle est là pour toujours ;
les décisions du Seigneur sont justes
et vraiment équitables : ℟

plus désirables que l'or,
qu'une masse d'or fin,
plus savoureuses que le miel
qui coule des rayons. ℟

### *Acclamation de l'Évangile*

***Alléluia. Alléluia.*** Que la parole du Christ habite en vous dans toute sa richesse, et offrez par lui votre action de grâce à Dieu le Père. ***Alléluia.***

## *Évangile de Jésus Christ*

selon saint Marc (11, 27-33)

*« Par quelle autorité fais-tu cela ? »*

En ce temps-là, Jésus et ses disciples revinrent à Jérusalem. Et comme Jésus allait et venait dans le Temple, les grands prêtres, les scribes et les anciens vinrent le trouver. Ils lui demandaient : « Par quelle autorité fais-tu cela ? Ou alors qui t'a donné cette autorité pour le faire ? » Jésus leur dit : « Je vais vous poser une seule question. Répondez-moi, et je vous dirai par quelle autorité je fais cela : le baptême de Jean venait-il du ciel ou des hommes ? Répondez-moi. » Ils se faisaient entre eux ce raisonnement : « Si nous disons : “Du ciel”, il va dire : “Pourquoi donc n'avez-vous pas cru à sa parole ? Mais allons-nous dire : “Des hommes” ? » Ils avaient peur de la foule, car tout le monde estimait que Jean était réellement un prophète. Ils répondent donc à Jésus : « Nous ne savons pas ! » Alors Jésus leur dit : « Moi, je ne vous dis pas non plus par quelle autorité je fais cela. »



### *Prière sur les offrandes*

Accorde-nous, Seigneur, de te servir à cet autel en toute liberté d'esprit ; ainsi ta grâce pourra nous purifier dans le mystère que nous célébrons. Par Jésus…
***— Amen.***

### *Antienne de la communion*

Le Seigneur veille sur ceux qui le craignent, sur ceux qui espèrent son amour, pour les préserver de la mort, les garder en vie aux jours de famine. (Ps 32, 18-19)

*OU* Le Fils de l'homme est venu pour servir et donner sa vie en rançon pour la multitude. (cf. Mc 10, 45)

### *Prière après la communion*

Seigneur, fais-nous trouver des forces neuves dans cette communion aux réalités du ciel : assure-nous tes bienfaits ici-bas et instruis-nous des richesses de ton Royaume. Par Jésus… ***— Amen.***

## INVITATION

À l'aide de la prière de cette fête de saint Paul VI (p. 208), je peux prier pour le Saint-Père, « berger » donné par le Seigneur.

## COMMENTAIRE

**Chemins de Sagesse** Ben Sira 51, 12c-20

**De son premier cri à ses cheveux blancs, le Siracide n'a cessé de fleurir sur les chemins balisés de la Sagesse. Tous n'ont pas cette chance. Nous pouvons peiner sur des sentiers obstrués par les ronces des soucis, traîner sur des routes futiles, et parfois trébucher ou nous blesser. Ne demeurons pas rivés à nos lenteurs ou nos errances. L'essentiel est d'avancer, même clopin-clopant : « Mieux vaut un boiteux sur la route qu'un coureur hors de la route », s'exclamait saint Augustin. ■**

***Père Thibault Van Den Driessche**, assomptionniste*

# *Bienheureuse Vierge Marie*

**Couleur liturgique : blanc ou vert**

*Les samedis du temps ordinaire où il n'y a pas de mémoire obligatoire, on peut faire mémoire de la Vierge Marie, selon une tradition qui honore la foi et l'espérance sans défaut de Marie le Samedi saint.*

## *Antienne d'ouverture*

Bienheureuse es-tu, Vierge Marie :
tu as porté le Créateur de l'univers,
tu as mis au monde celui qui t'a faite,
et tu demeures toujours vierge.

## *Prière*

Dieu plein de bonté, viens au secours de notre faiblesse : puisque nous faisons mémoire de la Vierge Marie, que son intercession nous aide à nous relever de nos fautes. Par Jésus Christ…
**— *Amen.***

*OU*

Que vienne à notre aide, Seigneur, la prière maternelle de la bienheureuse Vierge Marie : qu'elle nous obtienne la joie de vivre dans ta paix, délivrés de tous les périls. Par Jésus Christ…
**— *Amen.***

## *Prière sur les offrandes*

En rendant hommage à la Mère de ton Fils, Seigneur, nous te supplions : que le sacrifice de cette eucharistie fasse de nous, dans ta bonté, une éternelle offrande à ta gloire. Par Jésus… **— *Amen.***

*Préface de la Vierge Marie, p. 241.*

## *Antienne de la communion*

« Le Puissant fit pour moi des merveilles; Saint est son nom. » (Lc 1, 49)

## *Prière après la communion*

Après avoir participé au sacrement qui nous libère, nous te prions, Seigneur : puisque nous célébrons la Mère de ton Fils, fais que nous soyons comblés de ta grâce et que nous éprouvions toujours davantage les effets de la Rédemption. Par Jésus… **— *Amen.***

# Saint Paul VI

**Couleur liturgique : blanc**

*1897-1978. Le cardinal Montini, élu pape en 1963, poursuivit et mena à bien le concile Vatican II, qui avait été initié par son prédécesseur saint Jean XXIII. Canonisé en 2018.*

## Antienne d'ouverture

« Je prendrai soin de mon troupeau, dit le Seigneur ; je lui donnerai moi-même un berger pour le conduire. Et moi, le Seigneur, je serai leur Dieu. »

## Prière

Seigneur Dieu, tu as confié la charge de conduire ton Église au pape saint Paul VI, qui fut un ardent apôtre de l'Évangile de ton Fils ; à nous qui accueillons la lumière de ses enseignements, donne, nous t'en prions, la force de travailler avec toi pour développer dans le monde la civilisation de l'amour. Par Jésus Christ. **— *Amen.***

## Prière sur les offrandes

Accueille, Seigneur, les offrandes que ton peuple te présente en l'honneur de saint Paul VI : qu'elles nous obtiennent de ta bonté les secours que nous attendons. Par Jésus… **— *Amen.***

*Préface des pasteurs, p. 242,*
*ou des saints, p. 243.*

## Antienne de communion

« Je suis venu, dit le Seigneur, pour que les hommes aient la vie, et qu'ils l'aient en abondance. »

## Prière après la communion

Que cette communion, Seigneur notre Dieu, ravive en nous l'ardeur de charité et nous brûle de ce feu qui dévorait saint Paul VI, alors qu'il se dépensait pour ton Église. Par Jésus… **— *Amen.***

# DIMANCHE 30 MAI 2021

## LA SAINTE TRINITÉ

**ANNÉE B COULEUR LITURGIQUE : BLANC**

*« Allez ! De toutes les nations faites des disciples. »*
Matthieu 28, 19



**Une invitation à la mémoire du cœur.** « Est-il un Dieu pareil à ton Dieu, interroge Moïse. Souviens-toi de tout ce qu'il a fait pour toi ! Fais mémoire des moments où tu as reconnu les traits de son amour ! » En contemplant la Sainte Trinité aujourd'hui, ouvrons en nous l'espace de l'action de grâce et osons remercier Dieu pour sa présence concrète dans notre vie.

## OUVERTURE DE LA CÉLÉBRATION

***Chant d'entrée*** *(Suggestions p. 261)*

*OU*

***Antienne d'ouverture***

Béni soit Dieu le Père, et le Fils unique de Dieu,
ainsi que le Saint-Esprit, car il nous a traités avec amour.

***Suggestion de préparation pénitentielle*** *(ou p. 232)*

Le Christ nous appelle à la vie des Fils. Supplions-le dans la foi et reconnaissons que nous sommes pécheurs.

Seigneur Jésus, tu es Seigneur au ciel et sur la terre, dans nos coeurs et dans toute la Création. Seigneur, prends pitié de nous.

***— Seigneur, prends pitié de nous.***

Ô Christ, tu es avec nous jusqu'à la fin du monde et jusqu'à la fin des temps. Ô Christ, prends pitié de nous.

***— Ô Christ, prends pitié de nous.***

Seigneur, tu nous fais passer de la peur à la liberté. Seigneur, prends pitié de nous.

***— Seigneur, prends pitié de nous.***

Que Dieu tout-puissant nous fasse miséricorde ; qu'il nous pardonne nos péchés et nous conduise à la vie éternelle. ***— Amen.***

***Gloire à Dieu*** *(p. 234)*

*Prière*

Dieu notre Père, tu as envoyé dans le monde ta Parole de vérité et ton Esprit de sainteté pour révéler aux hommes ton admirable mystère ; donne-nous de professer la vraie foi en reconnaissant la gloire de l'éternelle Trinité, en adorant son Unité toute-puissante. Par Jésus Christ… ***— Amen.***

## LITURGIE DE LA PAROLE

***Lecture*** du livre du Deutéronome (4, 32-34. 39-40)

*« C'est le Seigneur qui est Dieu, là-haut dans le ciel comme ici-bas sur la terre ; il n'y en a pas d'autre »*

**Moïse disait au peuple : « Interroge donc les temps anciens qui t'ont précédé, depuis le jour où Dieu créa l'homme sur la terre : d'un bout du monde à l'autre, est-il arrivé quelque chose d'aussi grand, a-t-on jamais connu rien de pareil ? Est-il un peuple qui ait entendu comme toi la voix de Dieu parlant du milieu du feu, et qui soit resté en vie ? Est-il un dieu qui ait entrepris de se choisir une nation, de venir la prendre au milieu d'une autre, à travers des épreuves, des signes, des prodiges et des combats, à main forte et à bras étendu, et par des exploits terrifiants – comme tu as vu le Seigneur ton Dieu le faire pour toi en Égypte ? Sache donc aujourd'hui, et médite cela en ton cœur : c'est le Seigneur qui est Dieu, là-haut dans le ciel comme ici-bas**

sur la terre ; il n'y en a pas d'autre. Tu garderas les décrets et les commandements du Seigneur que je te donne aujourd'hui, afin d'avoir, toi et tes fils, bonheur et longue vie sur la terre que te donne le Seigneur ton Dieu, tous les jours. »
– Parole du Seigneur.

## Psaume 32 (33)

℟ ***Heureux le peuple dont le Seigneur est le Dieu.***

*T. : AELF; M. : G. Previdi; Éd. : ADF.*

Oui, elle est droite, la parole du Seigneur ;
il est fidèle en tout ce qu'il fait.
Il aime le bon droit et la justice ;
la terre est remplie de son amour. ℟

Retrouvez
ce psaume sur le CD
"Les psaumes
de l'année B"

Le Seigneur a fait les cieux par sa parole,
l'univers, par le souffle de sa bouche.
Il parla, et ce qu'il dit exista ;
il commanda, et ce qu'il dit survint. ℟

Dieu veille sur ceux qui le craignent,
qui mettent leur espoir en son amour,
pour les délivrer de la mort,
les garder en vie aux jours de famine. ℟

Nous attendons notre vie du Seigneur :
il est pour nous un appui, un bouclier.
Que ton amour, Seigneur, soit sur nous
comme notre espoir est en toi ! ℟

**Lecture** de la lettre de saint Paul apôtre aux Romains (8, 14-17)

*« Vous avez reçu un Esprit qui fait de vous des fils ;*
*en lui nous crions "Abba !", Père ! »*

**Frères, tous ceux qui se laissent conduire par l'Esprit de Dieu, ceux-là sont fils de Dieu. Vous n'avez pas reçu un esprit qui fait de vous des esclaves et vous ramène à la peur ; mais vous avez reçu un Esprit qui fait de vous des fils ; et c'est en lui que nous crions « *Abba !* », c'est-à-dire : Père ! C'est donc l'Esprit Saint lui-même qui atteste à notre esprit que nous sommes enfants de Dieu. Puisque**

nous sommes ses enfants, nous sommes aussi ses héritiers : héritiers de Dieu, héritiers avec le Christ, si du moins nous souffrons avec lui pour être avec lui dans la gloire.
– Parole du Seigneur.

## *Acclamation de l'Évangile*

***Alléluia. Alléluia.*** Gloire au Père, et au Fils, et au Saint-Esprit : au Dieu qui est, qui était et qui vient ! ***Alléluia.***

M. : P. Robert.

## *Évangile de Jésus Christ* selon saint Matthieu (28, 16-20)

*« Baptisez-les au nom du Père, et du Fils, et du Saint-Esprit »*

**En ce temps-là, les onze disciples s'en allèrent en Galilée, à la montagne où Jésus leur avait ordonné de se rendre. Quand ils le virent, ils se prosternèrent, mais certains eurent des doutes. Jésus s'approcha d'eux et leur adressa ces paroles : « Tout pouvoir m'a été donné au ciel et sur la terre. Allez ! De toutes les nations faites des disciples : baptisez-les au nom du Père, et du Fils, et du Saint-Esprit, apprenez-leur à observer tout ce que je vous ai commandé. Et moi, je suis avec vous tous les jours jusqu'à la fin du monde. »**

### *Homélie*

### *Profession de foi* *(p. 235)*

### *Suggestion de prière universelle*

*Le prêtre :*

Ensemble, dans la confiance, présentons à Dieu nos prières pour le monde et pour l'Église.

℟ ***Entends, Seigneur, la prière qui monte de nos cœurs.***

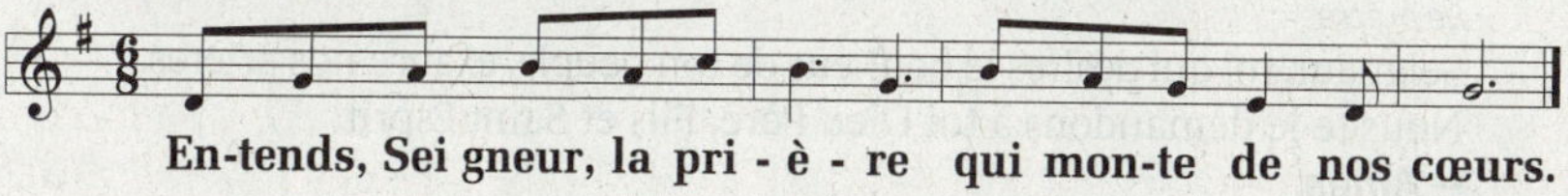


*Bayard Liturgie.*

*Le diacre ou un lecteur :*

Sois loué, Dieu Trinité, pour ton Esprit de liberté. Pour que ton Église le laisse agir à travers elle avec sagesse et discernement, Seigneur, nous te prions. ℟

Sois loué, Dieu Trinité, pour ta parole, source de vie. Pour que de nouvelles communautés enracinées dans l'Évangile surgissent aux quatre coins du monde, Seigneur, nous te prions. ℟

Sois loué, Dieu Trinité, pour ta présence qui pacifie. Pour que les personnes isolées ou malades, trouvent dans l'aide reçue de leurs frères un signe de ton amour, Seigneur, nous te prions. ℟

Sois loué, Dieu Trinité, pour ton unité dans la diversité. Pour que la multiplicité des cultures soit un motif d'action de grâce et de communion plus grande entre les peuples, Seigneur, nous te prions. ℟

Sois loué, Dieu Trinité, pour la gratuité de ton amour. Pour que les citoyens soient protégés contre le danger des marchés financiers. Avec le pape François, Seigneur, nous te prions. ℟

*(Ces intentions seront adaptées ou modifiées selon les circonstances.)*

*Le prêtre :*

Seigneur, toi qui désires le bonheur de ton peuple, exauce nos prières. Nous te le demandons à toi Dieu Père, Fils et Saint-Esprit.

***— Amen.***

## LITURGIE EUCHARISTIQUE

### *Prière sur les offrandes*

Sanctifie, Seigneur notre Dieu, le sacrifice sur lequel nous invoquons ton nom très saint ; et, par cette eucharistie, fais de nous-mêmes une éternelle offrande à ta gloire. Par Jésus…

***— Amen.***

### *Prière eucharistique*

*(Préface de la Trinité)*

Vraiment, il est juste et bon de te rendre gloire, de t'offrir notre action de grâce, toujours et en tout lieu, à toi, Père très saint, Dieu éternel et tout-puissant. Avec ton Fils unique et le Saint-Esprit, tu es un seul Dieu, tu es un seul Seigneur, dans la trinité des personnes et l'unité de leur nature. Ce que nous croyons de ta gloire, parce que tu l'as révélé, nous le croyons pareillement, et de ton Fils et du Saint-Esprit ; et quand nous proclamons notre foi au Dieu éternel et véritable, nous adorons en même temps chacune des personnes, leur unique nature, leur égale majesté. C'est ainsi que les anges et les archanges, et les plus hautes puissances des cieux, ne cessent de chanter d'une même voix : ***Saint ! Saint ! Saint…***

### *Chant de communion* *(Suggestions p. 261)*

*OU*

***Antienne de la communion***
Puisque vous êtes des fils,
Dieu a envoyé dans vos cœurs
l'Esprit de son Fils, qui crie : Père !
(Ga 4, 6)

***Prière après la communion***
Puissions-nous trouver, Seigneur, le salut de l'âme et du corps dans le sacrement que nous avons reçu, tandis que nous affirmons notre foi en la Trinité, éternelle et sainte, comme en son indivisible Unité. Par Jésus… — ***Amen.***

## CONCLUSION DE LA CÉLÉBRATION

***Bénédiction***

***Envoi***

**COMMENTAIRE DU DIMANCHE**

**Karem Bustica,** rédactrice en chef de *Prions en Église*

# Dieu en approche

Qui donc est Dieu ? Certainement pas une idée ni une théorie, pas un concept ni un principe mais quelqu'un qui vient à nous. À la lumière de Pâques et avec le dynamisme de la Pentecôte, Dieu apparaît Père, Fils et Esprit. En cette fête, nous contemplons ce mystère : Dieu se révèle. Tout l'Ancien Testament témoigne d'un dévoilement progressif de Dieu. Son peuple ne cesse de raconter ses exploits depuis le temps de la Création. Dieu est l'unique, il se découvre dans l'histoire. Dieu parle, donne la vie, souffle, veille, sauve. Avec le Christ, la révélation arrive à son apogée. Il est le Fils unique du Père qui répand l'Esprit sur l'univers. Depuis, chacune et chacun de nous est reconnu fille et fils de Dieu.

Toutes ces considérations sont imparfaites tellement nous avons •••

••• besoin d'images pour parler de Dieu. D'où l'intérêt de nous approprier pour nous-mêmes le mystère de ce Dieu qui s'approche. La première source reste l'Écriture, lue, priée et approfondie avec d'autres. Elle nous donne les mots « des anciens » pour rendre compte d'une expérience spirituelle et pascale. Nous comptons aussi sur la pensée des théologiens d'hier et d'aujourd'hui pour nourrir et éclairer notre intelligence. Notons que sans la pratique de la prière, des sacrements, de la charité, du service des autres, notre relation à Dieu risque de rester « lettre morte ». Or c'est pour nous donner la vie que Dieu ne cesse de nous approcher.

Qu'évoque pour moi la fête de la Sainte Trinité ?

Quels moyens est-ce que je me donne pour approfondir ce mystère ? ■

Prions en Église Junior

LIRE L'ÉVANGILE AVEC LES ENFANTS

## CE QUE JE DÉCOUVRE

Jésus est ressuscité ! Pour certains, c'est évident, alors ils se prosternent devant lui. Pour d'autres, **cette nouvelle présence est tellement étonnante** qu'ils ont des doutes... Dieu le Père a ressuscité son Fils Jésus pour qu'il vive éternellement. Et l'Esprit de vie est offert à ceux qui le demandent. Cette vie éternelle est donnée par le baptême, **« au nom du Père, et du Fils, et du Saint-Esprit ».** Faisons confiance ! Recevoir le baptême, c'est choisir de vivre en Dieu, pour toujours.

## CE QUE JE VIS

T'arrive-t-il de douter de la présence de Jésus ?
À quels moments ? Pourquoi ?
Qu'est-ce qui t'aide à croire en Dieu ? Et qui t'aide à y croire ?
**Fais silence. Puis trace sur toi un signe de croix.**
**Et dis : « Au nom du Père, et du Fils, et du Saint-Esprit. Amen ! »**

Texte : P. Pierre-Marie Leroy. Illustrations : Marcelino Truong

MÉDITATION BIBLIQUE

LA SAINTE TRINITÉ

Évangile selon saint Matthieu 28, 16-20

# Au nom du Père, et du Fils, et du Saint-Esprit

**Être baptisé au nom du Seigneur, c'est être « plongé » dans la vie divine. Et cette entrée dans l'Alliance appelle une réponse : chacun de nous est invité à faire fructifier cette nouvelle appartenance.**

## Le temps de la préparation

**« La joie de notre cœur vient du Seigneur, notre confiance est dans son nom très saint » Ps 32 (33), 21.**

## Le temps de l'observation

En envoyant les Onze baptiser « au nom » (un singulier) « du Père, et du Fils, et du Saint-Esprit » (trois personnes), Jésus leur révèle qui est Dieu : une unité d'essence et une trinité de personnes. Autant dire qu'ils auront à transmettre que le Dieu Un est une communion d'amour. Le Ressuscité signifie aussi à ses disciples que le salut de l'humanité est l'œuvre conjointe de la Trinité. Nicolas Cabasilas, un théologien orthodoxe du XIVe siècle, précise : « Chacune des personnes divines y apporte sa contribution particulière. Le Père se réconcilia avec nous, le Fils opéra la réconciliation, et le Saint-Esprit fut le don accordé à ceux qui étaient devenus les amis de Dieu. » Et cette révélation, le Christ l'a faite à des hommes simples dont il connaissait les limites mais qui l'ont vu prier le Père et ont fait l'expérience de l'Esprit en cheminant à ses côtés.

## Le temps de la méditation

S'ouvrir à ce mystère de Dieu communion d'amour suppose donc de passer du temps avec Jésus, de le regarder prier et agir. Cela suppose également de descendre au plus intime de notre être pour y faire l'expérience de l'Esprit qui nous donne de pouvoir confesser que Jésus est Seigneur (1 Co 12, 3), nous rend libres et nous pousse à crier vers le Père en l'appelant : « *Abba !* » (Rm 8, 15). Ne nous étonnons pas toutefois si nous nous heurtons à une réalité qui nous échappe sans cesse, mais dont nous pouvons pressentir la présence offerte (Ps 45 [46]), l'amour donné. Saint Augustin lui-même (IVe siècle) n'a-t-il pas écrit : « Quand on cherche ce que sont les Trois, la parole humaine souffre de l'indigence la plus totale. On a dit cependant : trois personnes, non pour exprimer cette réalité, mais pour ne pas garder le silence » *(De la Trinité V)* ? Oui, Dieu n'est pas à notre mesure, mais n'est-ce pas cela qui fait notre joie ?

## Le temps de la prière

**« Ô Trinité sans division, ô Unité sans confusion, ô Lumière en trois Personnes : Père, Fils, et Saint-Esprit », nous t'adorons. (Syméon le Nouveau Théologien)** ■

**Sœur Emmanuelle Billoteau,**
ermite

**LA VIE EN PHOTO**
**FÊTE DES MÈRES**

# Questions d'enfant

Une mère et sa fille regardent une peinture vieille de plus de 300 ans. La gestuelle de l'enfant exprime la curiosité. On peut aisément imaginer les questions qu'elle pose à sa maman : « Pourquoi les bébés sont-ils tout nus ? » ; « Pourquoi le garçon a-t-il des ailes ? » ; « Et pourquoi le monsieur fait-il dodo ? »… Il n'est pas certain que la mère ait toutes les réponses à ces questions. Sait-elle que les deux enfants sont Jésus et Jean Baptiste ? Que l'homme qui dort est Joseph ? Et même qui est Fra Bartolomeo, l'auteur de la toile ? Les questions de l'enfant pousseront, peut-être, la mère à chercher les réponses. En ce mois de mai, mois de Marie *(lire p. 290)*, en ce jour particulier de la fête des Mères, nous pouvons nous souvenir de ces réponses à nos questions que nos mamans ont cherchées avec nous. ■

**Frédéric Pascal,** journaliste

*« Celui qui glorifie sa mère est comme celui qui amasse un trésor. »*

Ben Sira 3, 4

**Une mère et sa fille à l'Alte Pinakothek de Munich devant *L'adoration de l'Enfant*, de Fra Bartoloméo, 12 mai 2020.**

# LUNDI 31 MAI 2021

COULEUR LITURGIQUE : BLANC

**La Visitation de la Vierge Marie**

*Une charité attentive, la joie d'un cœur ouvert au projet divin… La rencontre de Marie et Élisabeth fait déjà percevoir des signes du salut apporté par le Christ.*

### *Antienne d'ouverture*

**Venez, vous tous qui craignez Dieu ; écoutez,**
**que je vous dise tout ce que le Seigneur a fait pour moi.** (Ps 65, 16)

### *Gloire à Dieu* *(p. 234)*

### *Prière*

Dieu tout-puissant, tu as inspiré à la Vierge Marie, qui portait en elle ton propre Fils, de visiter sa cousine Élisabeth ; accorde-nous d'être dociles au souffle de l'Esprit afin de pouvoir nous aussi te magnifier éternellement. Par Jésus Christ…
***— Amen.***

*Lectures propres à la fête de la Visitation de la Vierge Marie.*

## *Lecture*

de la lettre de saint Paul apôtre aux Romains (12, 9-16b)

*« Partagez avec les fidèles qui sont dans le besoin, pratiquez l'hospitalité avec empressement »*

**Frères, que votre amour soit sans hypocrisie. Fuyez le mal avec horreur, attachez-vous au bien. Soyez unis les uns aux autres par l'affection fraternelle, rivalisez de respect les uns pour les autres. Ne ralentissez pas votre élan, restez dans la ferveur de l'Esprit, servez le Seigneur, ayez la**

joie de l'espérance, tenez bon dans l'épreuve, soyez assidus à la prière. Partagez avec les fidèles qui sont dans le besoin, pratiquez l'hospitalité avec empressement. Bénissez ceux qui vous persécutent ; souhaitez-leur du bien, et non pas du mal. Soyez joyeux avec ceux qui sont dans la joie, pleurez avec ceux qui pleurent. Soyez bien d'accord les uns avec les autres ; n'ayez pas le goût des grandeurs, mais laissez-vous attirer par ce qui est humble*.
– Parole du Seigneur.

*On peut aussi lire le livre du prophète Sophonie 3, 14-18.*

## Cantique (Isaïe 12, 2, 3, 4abcd, 4e-5, 6)

℟ ***Il est grand au milieu de toi, le Dieu Saint d'Israël.***

Voici le Dieu qui me sauve :
j'ai confiance, je n'ai plus de crainte.
Ma force et mon chant, c'est le Seigneur ;
il est pour moi le salut. ℟

Exultant de joie,
vous puiserez les eaux
aux sources du salut. ℟

Ce jour-là, vous direz :
« Rendez grâce au Seigneur,
proclamez son nom,
annoncez parmi les peuples
ses hauts faits ! » ℟

Redites-le : « Sublime est son nom ! »
Jouez pour le Seigneur,
il montre sa magnificence,
et toute la terre le sait. ℟

Jubilez, criez de joie,
habitants de Sion,
car il est grand au milieu de toi,
le Saint d'Israël ! ℟

### *Acclamation de l'Évangile*

***Alléluia. Alléluia.*** Heureuse es-tu, Vierge Marie, toi qui as cru que s'accompliraient pour toi les paroles du Seigneur. ***Alléluia.***

## *Évangile de Jésus Christ*

selon saint Luc (1, 39-56)

*« D'où m'est-il donné que la mère de mon Seigneur vienne jusqu'à moi ? »*

En ces jours-là, Marie se mit en route et se rendit avec empressement vers la région montagneuse, dans une ville de Judée. Elle entra dans la maison de Zacharie et salua Élisabeth. Or, quand Élisabeth entendit la salutation de Marie, l'enfant tressaillit en elle. Alors, Élisabeth fut remplie d'Esprit Saint, et s'écria d'une voix forte : « Tu es bénie entre toutes les femmes, et le fruit de tes entrailles est béni. D'où m'est-il donné que la mère de mon Seigneur vienne jusqu'à moi ? Car, lorsque tes paroles de salutation sont parvenues à mes oreilles, l'enfant a tressailli d'allégresse en moi. Heureuse celle qui a cru à l'accomplissement des paroles qui lui furent dites de la part du Seigneur. » Marie dit alors : « Mon âme exalte le Seigneur, exulte mon esprit en Dieu, mon Sauveur ! Il s'est penché sur son humble servante ; désormais tous les âges me diront bienheureuse. Le Puissant fit pour moi des merveilles ; Saint est son nom ! Sa miséricorde s'étend d'âge en âge sur ceux qui le craignent. Déployant la force de son bras, il disperse les superbes. Il renverse les puissants de leurs trônes, il élève les humbles. Il comble de biens les affamés, renvoie les riches les mains vides. Il relève Israël son serviteur, il se souvient de son amour de la promesse faite à nos pères, en faveur d'Abraham et sa descendance à jamais. »

Marie resta avec Élisabeth environ trois mois, puis elle s'en retourna chez elle.

### *Prière sur les offrandes*

Tu as aimé, Seigneur, l'empressement de la Vierge Marie ; accepte aussi avec bonté le sacrifice que nous offrons pour notre salut. Par Jésus… ***– Amen.***

*Préface de la Vierge Marie, p. 241.*

### *Antienne de la communion*

Mon âme exalte le Seigneur,
exulte mon esprit
en Dieu mon Sauveur !
(Lc 1, 46-47)

### *Prière après la communion*

Que ton Église te magnifie, Seigneur, pour tant de merveilles ; comme Jean Baptiste a tressailli d'allégresse en discernant le Christ avant sa naissance, qu'elle accueille avec joie dans l'eucharistie ce même Christ toujours vivant. Lui qui… ***– Amen.***

## INVITATION

En cette fête de la Visitation, je confie au Seigneur toutes les femmes qui attendent un enfant et celles qui désirent être enceinte.

## COMMENTAIRE

### Aplanir le chemin

Luc 1, 39-56

**Marie visite sa cousine Élisabeth : joie, simplicité et paix marquent la scène de leurs retrouvailles. Le trajet a pourtant été long. Marie, nous dit l'évangile, s'est mise en route « vers la région montagneuse ». Bien des montagnes peuvent se dresser dans nos relations familiales, amicales, ecclésiales : la distance, l'indifférence, l'incompréhension ou encore les règles en tout genre que nous avons suivies ces derniers mois… Mais rien ne saurait arrêter le feu de la charité !** ■

*Père Bertrand Lesoing, communauté Saint-Martin*

## ✻ CLÉ DE LECTURE

### « Ce qui est humble »

Romains 12, 16b *(p. 227)*

La louange de Marie s'élève vers celui qui s'est penché vers « l'humiliation » de sa servante et qui, au cours de l'histoire, ne cesse d'élever « les humbles ». Le Magnificat chante le renversement des hiérarchies et des valeurs que Dieu ne cesse d'opérer, relevant les plus méprisés. Pour répondre à ce Dieu qui bouleverse la société, Paul invite les chrétiens à mettre ce don en œuvre dans leur vie quotidienne. Or, si l'humiliation est un fait social, l'humilité devient effort pour renoncer à la séduction de la puissance et de l'orgueil. Elle a mauvaise réputation dans le monde gréco-romain, les stoïciens s'en offusquent au nom de la dignité humaine. Mais Dieu rend aux humbles une dignité inouïe, celle de devenir frères à la suite du Fils serviteur. ■

*Roselyne Dupont-Roc, bibliste*

# La liturgie de la messe

## OUVERTURE DE LA CÉLÉBRATION

### Chant d'entrée

*S'il n'y a pas de chant d'entrée, on dit l'antienne d'ouverture.*

*Le prêtre et les fidèles, debout, se signent, tandis que le prêtre dit :*
Au nom du Père, et du Fils, et du Saint-Esprit. Amen.

### Salutation

*(1)* La grâce de Jésus notre Seigneur, l'amour de Dieu le Père et la communion de l'Esprit Saint, soient toujours avec vous.
***– Et avec votre esprit.***

*(2)* Le Seigneur soit avec vous.
***– Et avec votre esprit.***

*(3)* Que Dieu notre Père et Jésus Christ notre Seigneur vous donnent la grâce et la paix.
***– Béni soit Dieu, maintenant et toujours !***

# *Préparation pénitentielle*

## *(1)* *JE CONFESSE À DIEU*

**Je confesse à Dieu tout-puissant, je reconnais devant mes frères, que j'ai péché en pensée, en parole, par action et par omission; oui, j'ai vraiment péché. C'est pourquoi je supplie la Vierge Marie, les anges et tous les saints, et vous aussi, mes frères, de prier pour moi le Seigneur notre Dieu.**

*(2)* Seigneur, accorde-nous ton pardon. – ***Nous avons péché contre toi.***
Montre-nous ta miséricorde. – ***Et nous serons sauvés.***

*(3)* Seigneur Jésus, envoyé par le Père pour guérir et sauver les hommes,
prends pitié de nous. – ***Prends pitié de nous.***
Ô Christ, venu dans le monde appeler tous les pécheurs,
prends pitié de nous. – ***Prends pitié de nous.***
Seigneur, élevé dans la gloire du Père où tu intercèdes pour nous,
prends pitié de nous. – ***Prends pitié de nous.***

Que Dieu tout-puissant nous fasse miséricorde; qu'il nous pardonne nos péchés et nous conduise à la vie éternelle. – ***Amen.***

*Si l'on a choisi la 1re ou la 2e formule, on dit :*

Seigneur, prends pitié. – ***Seigneur, prends pitié.***
Ô Christ, prends pitié. – ***Ô Christ, prends pitié.***
Seigneur, prends pitié. – ***Seigneur, prends pitié.***

*(4) Aux messes dominicales, l'aspersion de l'eau bénite peut tenir lieu de préparation pénitentielle.*

Nous avons part à la résurrection du Seigneur Jésus. Nous sommes les enfants de Pâques par le baptême qui nous a fait renaître à la vie nouvelle, à la vie qui jaillit du Christ ressuscité. Unis à tous les baptisés du monde, accueillons le signe de l'eau.

*Le prêtre prononce sur l'eau une prière d'action de grâce.*

Seigneur Dieu tout-puissant, nous te rendons grâce pour cette eau.
Tu l'as créée pour féconder la terre et donner à nos corps fraîcheur et pureté. Tu en as fait l'instrument de ta miséricorde; par elle tu as libéré ton peuple de la servitude et tu as étanché sa soif dans le désert;
par elle, eau sanctifiée quand Jésus fut baptisé au Jourdain, tu as renouvelé notre nature pécheresse dans le bain de la nouvelle naissance.
Que cette eau nous rappelle notre baptême et qu'elle nous fasse participer à la joie des baptisés de Pâques.

*Le prêtre circule dans l'assemblée en aspergeant les fidèles pendant qu'on chante un chant baptismal, par exemple : Par le baptême de renaissance (I 296); J'ai vu l'eau vive (I 132).*

Que Dieu tout-puissant nous purifie de nos péchés. Que par la célébration de cette eucharistie, il nous rende dignes d'être des témoins du Christ ressuscité et de participer un jour au festin de son Royaume.

***— Amen.***

## Gloire à Dieu

**Gloire à Dieu, au plus haut des cieux, et paix sur la terre aux hommes qu'il aime. Nous te louons, nous te bénissons, nous t'adorons, nous te glorifions, nous te rendons grâce, pour ton immense gloire, Seigneur Dieu, Roi du ciel, Dieu le Père tout-puissant.**
**Seigneur, Fils unique, Jésus Christ, Seigneur Dieu, Agneau de Dieu, le Fils du Père; toi qui enlèves le péché du monde, prends pitié de nous; toi qui enlèves le péché du monde, reçois notre prière; toi qui es assis à la droite du Père, prends pitié de nous.**
**Car toi seul es saint, toi seul es Seigneur, toi seul es le Très-Haut: Jésus Christ, avec le Saint-Esprit dans la gloire de Dieu le Père.**
**Amen.**

*Gloria in excelsis Deo et in terra pax hominibus bonae voluntatis. Laudamus te, benedicimus te, adoramus te. Glorificamus te. Gratias agimus tibi propter magnam gloriam tuam, Domine Deus, Rex caelestis, Deus Pater omnipotens. Domine Fili unigenite, Jesu Christe. Domine Deus, Agnus Dei, Filius Patris. Qui tollis peccata mundi, miserere nobis. Qui tollis peccata mundi, suscipe deprecationem nostram; qui sedes ad dexteram Patris, miserere nobis. Quoniam tu solus sanctus, tu solus Dominus, tu solus Altissimus, Jesu Christe, cum Sancto Spiritu : in gloria Dei Patris. Amen.*

## Prière

*Voir à la date du jour.*

## LITURGIE DE LA PAROLE

*Voir à la date du jour.*

# *Profession de foi*

### SYMBOLE DES APÔTRES

**Je crois en Dieu, le Père tout-puissant, créateur du ciel et de la terre.**

**Et en Jésus Christ, son Fils unique, notre Seigneur,**
**qui a été conçu du Saint-Esprit, est né de la Vierge Marie,**
**a souffert sous Ponce Pilate, a été crucifié,**
**est mort et a été enseveli, est descendu aux enfers,**
**le troisième jour est ressuscité des morts, est monté aux cieux,**
**est assis à la droite de Dieu le Père tout-puissant,**
**d'où il viendra juger les vivants et les morts.**

**Je crois en l'Esprit Saint,**
**à la sainte Église catholique, à la communion des saints,**
**à la rémission des péchés, à la résurrection de la chair,**
**à la vie éternelle.**

**Amen.**

## SYMBOLE DE NICÉE-CONSTANTINOPLE

**Je crois en un seul Dieu, le Père tout-puissant,
créateur du ciel et de la terre, de l'univers visible et invisible.
Je crois en un seul Seigneur, Jésus Christ, le Fils unique de Dieu,
né du Père avant tous les siècles :
il est Dieu, né de Dieu, lumière, née de la lumière, vrai Dieu, né du vrai Dieu,
engendré, non pas créé, de même nature que le Père; et par lui tout a été fait.
Pour nous les hommes, et pour notre salut, il descendit du ciel;
par l'Esprit Saint, il a pris chair de la Vierge Marie, et s'est fait homme.
Crucifié pour nous sous Ponce Pilate,
il souffrit sa passion et fut mis au tombeau.
Il ressuscita le troisième jour, conformément aux Écritures,
et il monta au ciel; il est assis à la droite du Père.
Il reviendra dans la gloire, pour juger les vivants et les morts;
et son règne n'aura pas de fin.
Je crois en l'Esprit Saint, qui est Seigneur et qui donne la vie;
il procède du Père et du Fils;
avec le Père et le Fils, il reçoit même adoration et même gloire;
il a parlé par les prophètes.
Je crois en l'Église, une, sainte, catholique et apostolique.
Je reconnais un seul baptême pour le pardon des péchés.
J'attends la résurrection des morts, et la vie du monde à venir.
Amen.**

## Credo

*Credo in unum Deum,*
*Patrem omnipotentem,*
*factorem caeli et terrae,*
*visibilium omnium et invisibilium.*
*Et in unum Dominum,*
*Jesum Christum,*
*Filium Dei unigenitum.*
*Et ex Patre natum ante omnia saecula.*
*Deum de Deo, lumen de lumine,*
*Deum verum de Deo vero.*
*Genitum non factum,*
*consubstantialem Patri,*
*per quem omnia facta sunt.*
*Qui propter nos homines,*
*et propter nostram salutem,*
*descendit de caelis.*
*Et incarnatus est de Spiritu Sancto*
*ex Maria Virgine,*
*et homo factus est.*
*Crucifixus etiam pro nobis sub Pontio*
*Pilato, passus, et sepultus est.*
*Et resurrexit tertia die,*
*secundum Scripturas.*
*Et ascendit in caelum,*
*sedet ad dexteram Patris.*
*Et iterum venturus est*
*cum gloria judicare vivos et mortuos;*
*cujus regni non erit finis.*
*Et in Spiritum Sanctum, Dominum,*
*et vivificantem :*
*qui ex Patre Filioque procedit;*
*Qui cum Patre et Filio*
*simul adoratur et conglorificatur :*
*qui locutus est per Prophetas.*
*Et unam sanctam catholicam*
*et apostolicam Ecclesiam.*
*Confiteor unum baptisma*
*in remissionem peccatorum.*
*Et expecto resurrectionem mortuorum,*
*et vitam venturi saeculi.*

*Amen.*

# *Prière universelle*

## LITURGIE EUCHARISTIQUE

# *Préparation des dons*

Tu es béni, Dieu de l'univers, toi qui nous donnes ce pain, fruit de la terre et du travail des hommes ; nous te le présentons : il deviendra le pain de la vie.
***– Béni soit Dieu, maintenant et toujours !***

*Comme cette eau se mêle au vin pour le sacrement de l'Alliance, puissions-nous être unis à la divinité de Celui qui a pris notre humanité.*

Tu es béni, Dieu de l'univers, toi qui nous donnes ce vin, fruit de la vigne et du travail des hommes ; nous te le présentons : il deviendra le vin du Royaume éternel. ***– Béni soit Dieu, maintenant et toujours !***

*Humbles et pauvres, nous te supplions, Seigneur, accueille-nous : que notre sacrifice, en ce jour, trouve grâce devant toi.*

*Lave-moi de mes fautes, Seigneur, purifie-moi de mon péché.*

Prions ensemble, au moment d'offrir le sacrifice de toute l'Église.
***– Pour la gloire de Dieu et le salut du monde.***

# *Prière sur les offrandes* *Voir à la date du jour.*

# *Prière eucharistique*

Le Seigneur soit avec vous. ***– Et avec votre esprit.***
Élevons notre cœur. ***– Nous le tournons vers le Seigneur.***
Rendons grâce au Seigneur notre Dieu. ***– Cela est juste et bon.***

# *Préfaces* (La numérotation des préfaces suit l'édition 1978 du Missel romain.)

# Les préfaces du mois de mai

## 1re préface de Pâques *(13)*

*Le mystère pascal*

Vraiment, il est juste et il est bon de te glorifier, Seigneur, en tout temps, mais plus encore en ces jours (pendant l'octave de Pâques : aujourd'hui) où le Christ, notre Pâque, a été immolé : car il est l'Agneau véritable qui a enlevé le péché du monde : en mourant, il a détruit notre mort ; en ressuscitant, il nous a rendu la vie. C'est pourquoi le peuple des baptisés, rayonnant de la joie pascale, exulte par toute la terre, tandis que les anges dans le ciel chantent sans fin l'hymne de ta gloire : ***Saint ! Saint ! Saint...***

## 2e préface de Pâques *(14)*

*La vie nouvelle dans le Christ*

Vraiment, il est juste et il est bon de te glorifier, Seigneur, en tout temps, mais plus encore en ces jours où le Christ, notre Pâque, a été immolé : grâce à lui, se lèvent des enfants de lumière pour une vie éternelle, et les portes du royaume des cieux s'ouvrent pour accueillir les croyants. Oui, nous te rendons gloire, car sa mort nous affranchit de la mort, et dans le mystère de sa résurrection chacun de nous est déjà ressuscité. C'est pourquoi le peuple des baptisés, rayonnant de la joie pascale, exulte par toute la terre, tandis que les anges dans le ciel chantent sans fin l'hymne de ta gloire : ***Saint ! Saint ! Saint...***

## 3e préface de Pâques *(15)*

*Le Christ est toujours vivant et intercède pour nous*

Vraiment, il est juste et il est bon de te glorifier, Seigneur, en tout temps, mais plus encore en ces jours où le Christ, notre Pâque, a été immolé, lui qui ne cesse pas de s'offrir pour nous, et qui reste éternellement notre défenseur auprès de toi ; immolé, il a vaincu la mort ; mis à mort, il est toujours vivant. C'est pourquoi le peuple des baptisés, rayonnant de la joie pascale, exulte par toute la terre, tandis que les anges dans le ciel chantent sans fin l'hymne de ta gloire : ***Saint ! Saint ! Saint…***

## 4e préface de Pâques *(16)*

*Restauration de l'univers par le mystère pascal*

Vraiment, il est juste et il est bon de te glorifier, Seigneur, en tout temps, mais plus encore en ces jours où le Christ, notre Pâque, a été immolé : en détruisant un monde déchu, il fait une création nouvelle ; et c'est de lui que nous tenons désormais la vie qu'il possède en plénitude. C'est pourquoi le peuple des baptisés, rayonnant de la joie pascale, exulte par toute la terre, tandis que les anges dans le ciel chantent sans fin l'hymne de ta gloire : ***Saint ! Saint ! Saint…***

## 5e préface de Pâques *(17)*

*Le Christ, prêtre et victime*

Vraiment, il est juste et il est bon de te glorifier, Seigneur, en tout temps, mais plus encore en ces jours où le Christ, notre Pâque, a été immolé : quand il livre son corps sur la croix, tous les sacrifices de l'Ancienne Alliance parviennent à leur achèvement ; et quand il s'offre pour notre salut, il est à lui seul l'autel, le prêtre et la victime. C'est pourquoi le peuple des baptisés, rayonnant de la joie pascale, exulte par toute la terre, tandis que les anges dans le ciel chantent sans fin l'hymne de ta gloire : ***Saint ! Saint ! Saint…***

## 1re préface de l'Ascension *(18)*

*La Seigneurie du Christ ne l'éloigne pas des hommes*

Vraiment, il est juste et bon de te rendre gloire, de t'offrir notre action de grâce, toujours et en tout lieu, Père très saint, Dieu éternel et tout-puissant. Car le Seigneur Jésus, vainqueur du péché et de la mort, est aujourd'hui ce Roi de gloire devant qui s'émerveillent les anges : il s'élève au plus haut des cieux, pour être le Juge du monde et le Seigneur des seigneurs, seul médiateur entre Dieu et les hommes ; il ne s'évade pas de notre condition humaine : mais en entrant le premier dans le Royaume, il donne aux membres de son corps l'espérance de le rejoindre un jour. C'est pourquoi le peuple des baptisés, rayonnant de la joie pascale, exulte par toute la terre, tandis que les anges dans le ciel chantent sans fin l'hymne de ta gloire : ***Saint ! Saint ! Saint...***

## 2e préface de l'Ascension (19)

*Le mystère de l'Ascension*

Vraiment, il est juste et bon de te rendre gloire, de t'offrir notre action de grâce, toujours et en tout lieu, à toi, Père très saint, Dieu éternel et tout-puissant, par le Christ, notre Seigneur. Car il s'est manifesté après sa résurrection, en apparaissant à tous ses disciples, et, devant leurs yeux, il est monté au ciel pour nous rendre participants de sa divinité. C'est pourquoi le peuple des baptisés, rayonnant de la joie pascale, exulte par toute la terre, tandis que les anges dans le ciel chantent sans fin l'hymne de ta gloire : ***Saint ! Saint ! Saint...***

## 1re préface de la Vierge Marie (34)

*La maternité divine de Marie*

Vraiment, il est juste et bon de te rendre gloire, de t'offrir notre action de grâce, toujours et en tout lieu, à toi, Père très saint, Dieu éternel et tout-puissant. En ce jour où nous honorons la bienheureuse Vierge Marie : nous voulons te chanter, te bénir et te glorifier. Car elle a conçu ton Fils unique lorsque le Saint-Esprit la couvrit de son ombre, et, gardant pour toujours la gloire de sa virginité, elle a donné au monde la lumière éternelle, Jésus Christ, notre Seigneur. Par lui, avec les anges et tous les saints, nous chantons l'hymne de ta gloire et sans fin nous proclamons : ***Saint ! Saint ! Saint...***

# Les préfaces du mois de mai

## Préface de saint Joseph

Vraiment, il est juste et bon de te rendre gloire, de t'offrir notre action de grâce, toujours et en tout lieu, à toi Père très saint, Dieu éternel et tout-puissant. En fêtant saint Joseph, c'est toi que nous exaltons, toi que nous bénissons. Car il fut l'homme juste que tu donnas comme époux à la Vierge Marie, la Mère de Dieu ; il fut le serviteur fidèle et prudent à qui tu confias la sainte Famille ; il veilla comme un père sur ton Fils unique conçu par la puissance du Saint-Esprit, Jésus Christ notre Seigneur. C'est pourquoi, avec les anges et tous les saints, nous proclamons ta gloire en chantant (disant) : ***Saint ! Saint ! Saint...***

## 1re préface des Apôtres *(36)*

*Les Apôtres, bergers du peuple de Dieu*

Vraiment, il est juste et bon de te rendre gloire, de t'offrir notre action de grâce, toujours et en tout lieu, à toi, Père très saint, Dieu éternel et tout-puissant. Tu n'abandonnes pas ton troupeau, Pasteur éternel, mais tu le gardes par les Apôtres sous ta constante protection ; tu le diriges encore par ces mêmes pasteurs qui le conduisent aujourd'hui au nom de ton Fils. Par lui, avec les anges et tous les saints, nous chantons l'hymne de ta gloire et sans fin nous proclamons :

***Saint ! Saint ! Saint...***

## Préface des saints pasteurs *(39)*

*Rôle des saints pasteurs à l'égard de l'Église*

Vraiment, il est juste et bon de te rendre gloire, de t'offrir notre action de grâce, toujours et en tout lieu, à toi, Père très saint, Dieu éternel et tout-puissant, par le Christ, notre Seigneur. En célébrant aujourd'hui la fête de saint N., nous admirons ta sollicitude pour ton Église : par l'exemple qu'il a donné, tu nous encourages, par son enseignement, tu nous éclaires, à sa prière, tu veilles sur nous. C'est pourquoi, avec tous les

anges et tous les saints, nous proclamons ta gloire en (disant) chantant :
***Saint ! Saint ! Saint…***

## 2e préface des saints (42)

*Le rôle des saints*

Vraiment, il est juste et bon de te rendre gloire, de t'offrir notre action de grâce, toujours et en tout lieu, à toi, Père très saint, Dieu éternel et tout-puissant, par le Christ, notre Seigneur. Tu ravives toujours les forces de ton Église par la foi dont témoignent les saints, et tu nous montres ainsi ton amour ; aujourd'hui, nous te rendons grâce, car leur exemple nous stimule, et leur prière fraternelle nous aide à travailler pour que ton règne arrive. Voilà pourquoi, Seigneur, avec les anges et tous les saints, nous proclamons ta gloire en (disant) chantant :

***Saint ! Saint ! Saint,***
***le Seigneur,***
***Dieu de l'univers !***
***Le ciel et la terre***
***sont remplis de ta gloire.***
***Hosanna au plus haut des cieux.***
***Béni soit celui***
***qui vient au nom du Seigneur.***
***Hosanna au plus haut des cieux.***

*Sanctus, Sanctus, Sanctus*
*Dominus Deus Sabaoth*
*Pleni sunt caeli et terra gloria tua.*
*Hosanna in excelsis. Benedictus*
*qui venit in nomine Domini.*
*Hosanna in excelsis.*

• *Prière eucharistique 1*
« Père infiniment bon… » ........ p. 244
• *Prière eucharistique 2*
« Toi qui es vraiment saint… » ........ p. 248
• *Prière eucharistique 3*
« Tu es vraiment saint… » ........ p. 251
• *Prière eucharistique 4*
« Père très saint… » ........ p. 254

# Prière eucharistique nº 1

*Préfaces: p. 239*

Père infiniment bon, toi vers qui montent nos louanges, nous te supplions par Jésus Christ, ton Fils, notre Seigneur, d'accepter et de bénir + ces offrandes saintes.

Nous te les présentons avant tout pour ta sainte Église catholique : accorde-lui la paix et protège-la, daigne la rassembler dans l'unité et la gouverner par toute la terre; nous les présentons en même temps pour ton serviteur le pape N., pour notre évêque N. et tous ceux qui veillent fidèlement sur la foi catholique reçue des Apôtres. Souviens-toi, Seigneur, de tes serviteurs (de N. et N.) et de tous ceux qui sont ici réunis, dont tu connais la foi et l'attachement. *(Silence)*

Nous t'offrons pour eux, ou ils t'offrent pour eux-mêmes et tous les leurs ce sacrifice de louange, pour leur propre rédemption, pour le salut qu'ils espèrent; et ils te rendent cet hommage, à toi, Dieu éternel, vivant et vrai.

Dans la communion de toute l'Église, nous voulons nommer en premier lieu la bienheureuse Marie toujours Vierge, Mère de notre Dieu et Seigneur, Jésus Christ; •••

***Le dimanche:***

Dans la communion de toute l'Église, en ce premier jour de la semaine, nous célébrons le jour où le Christ est ressuscité d'entre les morts; et nous voulons nommer en premier lieu la bienheureuse Marie toujours Vierge, Mère de notre Dieu et Seigneur, Jésus Christ; •••

***À l'Ascension:***

Dans la communion de toute l'Église, nous célébrons le jour très saint où notre Seigneur, ton Fils unique, ayant pris notre nature avec sa faiblesse, la fit entrer dans ta gloire, à ta droite; et nous voulons nommer en premier lieu la bienheureuse Marie toujours Vierge, Mère de notre Dieu et Seigneur, Jésus Christ; •••

***À la Pentecôte:***

Dans la communion de toute l'Église, nous célébrons le jour très saint de la Pentecôte, où l'Esprit Saint s'est manifesté aux Apôtres par d'innombrables langues de feu; et nous voulons nommer en premier lieu la bienheureuse Marie toujours Vierge, Mère de notre Dieu et Seigneur, Jésus Christ; •••

••• saint Joseph, son époux, les saints Apôtres et Martyrs Pierre et Paul, André, [Jacques et Jean, Thomas, Jacques et Philippe, Barthélemy et Matthieu, Simon et Jude, Lin, Clet, Clément, Sixte, Corneille et Cyprien, Laurent, Chrysogone, Jean et Paul, Côme et Damien,] et tous les saints. Accorde-nous, par leur prière et leurs mérites, d'être, toujours et partout, forts de ton secours et de ta protection.

Voici l'offrande que nous présentons devant toi, nous, tes serviteurs, et ta famille entière, dans ta bienveillance, accepte-la. Assure toi-même la paix de notre vie, arrache-nous à la damnation et reçois-nous parmi tes élus.

Sanctifie pleinement cette offrande par la puissance de ta bénédiction, rends-la parfaite et digne de toi : qu'elle devienne pour nous le corps et le sang de ton Fils bien-aimé, Jésus Christ, notre Seigneur.

La veille de sa passion, il prit le pain dans ses mains très saintes et, les

## Prière eucharistique nº 1

yeux levés au ciel, vers toi, Dieu, son Père tout-puissant, en te rendant grâce il le bénit, le rompit, et le donna à ses disciples, en disant :
« Prenez, et mangez-en tous : ceci est mon corps livré pour vous. »

De même, à la fin du repas, il prit dans ses mains cette coupe incomparable ; et te rendant grâce à nouveau, il la bénit, et la donna à ses disciples en disant :
« Prenez et buvez-en tous, car ceci est la coupe de mon sang, le sang de l'Alliance nouvelle et éternelle, qui sera versé pour vous et pour la multitude, en rémission des péchés. Vous ferez cela, en mémoire de moi. »

(1) Il est grand, le mystère de la foi :
***Nous proclamons ta mort, Seigneur Jésus, nous célébrons ta résurrection, nous attendons ta venue dans la gloire.***

(2) Quand nous mangeons ce pain et buvons à cette coupe, nous célébrons le mystère de la foi :
***Nous rappelons ta mort,***
***Seigneur ressuscité,***
***et nous attendons que tu viennes.***

(3) Proclamons le mystère de la foi :
***Gloire à toi qui étais mort, gloire à toi qui es vivant, notre Sauveur***
***et notre Dieu : Viens, Seigneur Jésus !***

C'est pourquoi nous aussi, tes serviteurs, et ton peuple saint avec nous, faisant mémoire de la passion bienheureuse de ton Fils, Jésus Christ, notre Seigneur, de sa résurrection du séjour des morts et de sa glorieuse ascension dans le ciel, nous te présentons, Dieu de gloire et de majesté, cette offrande prélevée sur les biens que tu nous donnes, le sacrifice pur et saint, le sacrifice parfait, pain de la vie éternelle et coupe du salut.

## *Prière eucharistique n° 1*

Et comme il t'a plu d'accueillir les présents d'Abel le Juste, le sacrifice de notre père Abraham, et celui que t'offrit Melchisédech, ton grand prêtre, en signe du sacrifice parfait, regarde cette offrande avec amour et, dans ta bienveillance, accepte-la.
Nous t'en supplions, Dieu tout-puissant : qu'elle soit portée par ton ange en présence de ta gloire, sur ton autel céleste, afin qu'en recevant ici, par notre communion à l'autel, le corps et le sang de ton Fils, nous soyons comblés de ta grâce et de tes bénédictions.

Souviens-toi de tes serviteurs (de N. et N.) qui nous ont précédés, marqués du signe de la foi, et qui dorment dans la paix…
*(Silence)*

Pour eux et pour tous ceux qui reposent dans le Christ, nous implorons ta bonté : qu'ils entrent dans la joie, la paix et la lumière. Et nous, pécheurs qui mettons notre espérance en ta miséricorde inépuisable, admets-nous dans la communauté des bienheureux Apôtres et Martyrs, de Jean Baptiste, Étienne, Matthias et Barnabé, [Ignace, Alexandre, Marcellin et Pierre, Félicité et Perpétue, Agathe, Lucie, Agnès, Cécile, Anastasie,] et de tous les saints. Accueille-nous dans leur compagnie, sans nous juger sur le mérite mais en accordant ton pardon, par Jésus Christ, notre Seigneur. C'est par lui que tu ne cesses de créer tous ces biens, que tu les bénis, leur donnes la vie, les sanctifies et nous en fais le don.

Par lui, avec lui et en lui, à toi, Dieu le Père tout-puissant, dans l'unité du Saint-Esprit, tout honneur et toute gloire, pour les siècles des siècles. – ***Amen.***

*(Communion : p. 258)*

# Prière eucharistique n° 2

**Préface :**

Vraiment, Père très saint, il est juste et bon de te rendre grâce, toujours et en tout lieu, par ton Fils bien-aimé, Jésus Christ : car il est ta Parole vivante, par qui tu as créé toutes choses ; c'est lui que tu nous as envoyé comme Rédempteur et Sauveur, Dieu fait homme, conçu de l'Esprit Saint, né de la Vierge Marie ; pour accomplir jusqu'au bout ta volonté et rassembler du milieu des hommes un peuple saint qui t'appartienne, il étendit les mains à l'heure de sa passion, afin que soit brisée la mort, et que la résurrection soit manifestée. C'est pourquoi, avec les anges et tous les saints, nous proclamons ta gloire, en chantant (disant) d'une seule voix :

*(On peut aussi choisir une autre préface.)*

***Saint ! Saint ! Saint, le Seigneur,***
***Dieu de l'univers !***
***Le ciel et la terre***
***sont remplis de ta gloire.***
***Hosanna au plus haut des cieux.***
***Béni soit celui qui vient***
***au nom du Seigneur.***
***Hosanna au plus haut des cieux.***

Toi qui es vraiment saint, toi qui es la source de toute sainteté, Seigneur, nous te prions : •••

**Le dimanche :**

Toi qui es vraiment saint, toi qui es la source de toute sainteté, nous voici rassemblés devant toi, et, dans la communion de toute l'Église, en ce premier jour de la semaine, nous célébrons le jour où le Christ est ressuscité d'entre les morts. Par lui que tu as élevé à ta droite, Dieu notre Père, nous te prions : •••

**À l'Ascension :**

Toi qui es vraiment saint, toi qui es la source de toute sainteté, nous voici rassemblés devant toi, et, dans la communion de toute l'Église, nous célébrons le jour très saint où notre Seigneur, ton Fils unique, ayant pris notre nature avec sa faiblesse, la fit entrer dans la gloire, près de toi. Par lui, qui siège désormais à ta droite, Dieu notre Père, nous te prions : •••

***À la Pentecôte:***

Toi qui es vraiment saint, toi qui es la source de toute sainteté, nous voici rassemblés devant toi, et, dans la communion de toute l'Église, nous célébrons le jour très saint de la Pentecôte, où l'Esprit Saint s'est manifesté aux Apôtres par d'innombrables langues de feu, et nous te prions, Seigneur : •••

••• Sanctifie ces offrandes en répandant sur elles ton Esprit ; qu'elles deviennent pour nous le corps ✠ et le sang de Jésus, le Christ, notre Seigneur. Au moment d'être livré et d'entrer librement dans sa passion, il prit le pain, il rendit grâce, il le rompit et le donna à ses disciples, en disant : « Prenez, et mangez-en tous : ceci est mon corps livré pour vous. »

De même, à la fin du repas, il prit la coupe ; de nouveau il rendit grâce, et la donna à ses disciples, en disant : « Prenez, et buvez-en tous, car ceci est la coupe de mon sang, le sang de l'Alliance nouvelle et éternelle, qui sera versé pour vous et pour la multitude en rémission des péchés. Vous ferez cela, en mémoire de moi. »

(1) Il est grand, le mystère de la foi :
***Nous proclamons ta mort,***
***Seigneur Jésus,***
***nous célébrons ta résurrection,***
***nous attendons ta venue dans la gloire.***

# *Prière eucharistique n° 2*

***(2)*** Quand nous mangeons ce pain et buvons à cette coupe, nous célébrons le mystère de la foi :
***Nous rappelons ta mort,***
***Seigneur ressuscité,***
***et nous attendons que tu viennes.***

***(3)*** Proclamons le mystère de la foi :
***Gloire à toi qui étais mort,***
***gloire à toi qui es vivant,***
***notre Sauveur et notre Dieu :***
***Viens, Seigneur Jésus !***

Faisant ici mémoire de la mort et de la résurrection de ton Fils, nous t'offrons, Seigneur, le pain de la vie et la coupe du salut, et nous te rendons grâce, car tu nous as choisis pour servir en ta présence. Humblement, nous te demandons qu'en ayant part au corps et au sang du Christ, nous soyons rassemblés par l'Esprit Saint en un seul corps.

Souviens-toi, Seigneur, de ton Église répandue à travers le monde : fais-la grandir dans ta charité avec le pape N., notre évêque N., et tous ceux qui ont la charge de ton peuple. Souviens-toi aussi de nos frères qui se sont endormis dans l'espérance de la résurrection, et de tous les hommes qui ont quitté cette vie : reçois-les dans ta lumière, auprès de toi. Sur nous tous enfin, nous implorons ta bonté : permets qu'avec la Vierge Marie, la bienheureuse Mère de Dieu, avec saint Joseph, son époux, avec les Apôtres et les saints de tous les temps qui ont vécu dans ton amitié, nous ayons part à la vie éternelle, et que nous chantions ta louange, par Jésus Christ, ton Fils bien-aimé.

Par lui, avec lui et en lui, à toi, Dieu le Père tout-puissant, dans l'unité du Saint-Esprit, tout honneur et toute gloire, pour les siècles des siècles. **– *Amen.***

*(Communion : p. 258)*

# Prière eucharistique n° 3

*Préfaces: p. 239*

Tu es vraiment saint, Dieu de l'univers, et toute la création proclame ta louange, car c'est toi qui donnes la vie, c'est toi qui sanctifies toutes choses, par ton Fils, Jésus Christ, notre Seigneur, avec la puissance de l'Esprit Saint; et tu ne cesses de rassembler ton peuple, afin qu'il te présente partout dans le monde une offrande pure.

C'est pourquoi nous te supplions de consacrer toi-même les offrandes que nous apportons : •••

***Le dimanche:***

C'est pourquoi nous voici rassemblés devant toi, et, dans la communion de toute l'Église, en ce premier jour de la semaine nous célébrons le jour où le Christ est ressuscité d'entre les morts. Par lui, que tu as élevé à ta droite, Dieu tout-puissant, nous te supplions de consacrer toi-même les offrandes que nous apportons : •••

***À l'Ascension:***

C'est pourquoi nous voici rassemblés devant toi, et, dans la communion de toute l'Église, nous célébrons le jour très saint où notre Seigneur, ton Fils unique, ayant pris notre nature avec sa faiblesse, la fit entrer dans la gloire, près de toi. Par lui, qui siège désormais à ta droite, Dieu tout-puissant, nous te supplions de consacrer toi-même les offrandes que nous apportons : •••

***À la Pentecôte:***

C'est pourquoi nous voici rassemblés devant toi, et, dans la communion de toute l'Église, nous célébrons le jour très saint de la Pentecôte, où l'Esprit Saint s'est manifesté aux Apôtres par d'innombrables langues de feu. Dieu tout-puissant, nous te supplions de consacrer toi-même les offrandes que nous apportons : •••

••• Sanctifie-les par ton Esprit, pour qu'elles deviennent le corps + et le sang de ton Fils Jésus Christ, notre Seigneur, qui nous a dit de célébrer ce mystère.
La nuit même où il fut livré, il prit le pain, en te rendant grâce il le bénit, il le rompit et le donna à ses disciples, en disant : « Prenez, et mangez-en tous : ceci est mon corps livré pour vous. »
De même, à la fin du repas, il prit la coupe, en te rendant grâce il la bénit, et la donna à ses disciples, en disant : « Prenez, et buvez-en tous, car ceci est la coupe de mon sang, le sang de l'Alliance nouvelle et éternelle, qui sera versé pour vous et pour la multitude en rémission des péchés. Vous ferez cela, en mémoire de moi. »

(1) Il est grand, le mystère de la foi :
***Nous proclamons ta mort, Seigneur Jésus, nous célébrons ta résurrection, nous attendons ta venue dans la gloire.***

(2) Quand nous mangeons ce pain et buvons à cette coupe, nous célébrons le mystère de la foi :
***Nous rappelons ta mort,***
***Seigneur ressuscité,***
***et nous attendons que tu viennes.***

(3) Proclamons le mystère de la foi :
***Gloire à toi qui étais mort,***
***gloire à toi qui es vivant, notre Sauveur et notre Dieu : Viens, Seigneur Jésus !***

En faisant mémoire de ton Fils, de sa passion qui nous sauve, de sa glorieuse résurrection et de son ascension dans le ciel, alors que nous attendons son dernier avènement, nous présentons cette offrande vivante et sainte pour te rendre grâce.

Regarde, Seigneur, le sacrifice de ton Église, et daigne y reconnaître celui de ton Fils qui nous a rétablis dans ton Alliance ; quand nous serons nourris de son corps et de son sang et remplis de l'Esprit Saint, accorde-nous d'être un seul corps et un seul esprit dans le Christ.

Que l'Esprit Saint fasse de nous une éternelle offrande à ta gloire, pour que nous obtenions un jour les biens du monde à venir, auprès de la Vierge Marie, la bienheureuse Mère de Dieu, avec saint Joseph, son époux, avec les Apôtres, les martyrs, [saint N.] et tous les saints, qui ne cessent d'intercéder pour nous.

Et maintenant, nous te supplions, Seigneur : par le sacrifice qui nous réconcilie avec toi, étends au monde entier le salut et la paix. Affermis la foi et la charité de ton Église au long de son chemin sur la terre : veille sur ton serviteur le pape N., et notre évêque N., l'ensemble des évêques, les prêtres, les diacres, et tout le peuple des rachetés.

Pour nos frères défunts, pour les hommes qui ont quitté ce monde, et dont tu connais la droiture, nous te prions : reçois-les dans ton Royaume, où nous espérons être comblés de ta gloire, tous ensemble et pour l'éternité, par le Christ, notre Seigneur, par qui tu donnes au monde toute grâce et tout bien.

Par lui, avec lui et en lui, à toi, Dieu le Père tout-puissant, dans l'unité du Saint-Esprit, tout honneur et toute gloire, pour les siècles des siècles. – ***Amen.***

*(Communion : p. 258)*

# Prière eucharistique nº 4

**Préface :**

Vraiment, il est bon de te rendre grâce, il est juste et bon de te glorifier, Père très saint, car tu es le seul Dieu, le Dieu vivant et vrai : tu étais avant tous les siècles, tu demeures éternellement, lumière au-delà de toute lumière. Toi, le Dieu de bonté, la source de la vie, tu as fait le monde pour que toute créature soit comblée de tes bénédictions, et que beaucoup se réjouissent de ta lumière. Ainsi, les anges innombrables qui te servent jour et nuit se tiennent devant toi, et, contemplant la splendeur de ta face, n'interrompent jamais leur louange. Unis à leur hymne d'allégresse, avec la création tout entière qui t'acclame par nos voix, Dieu, nous te chantons :

***Saint ! Saint ! Saint, le Seigneur,***
***Dieu de l'univers !***
***Le ciel et la terre***
***sont remplis de ta gloire.***
***Hosanna au plus haut des cieux.***
***Béni soit celui qui vient***
***au nom du Seigneur.***
***Hosanna au plus haut des cieux.***

Père très saint, nous proclamons que tu es grand et que tu as créé toutes choses avec sagesse et par amour : tu as fait l'homme à ton image, et tu lui as confié l'univers, afin qu'en te servant, toi son Créateur, il règne sur la création.
Comme il avait perdu ton amitié en se détournant de toi, tu ne l'as pas abandonné au pouvoir de la mort. Dans ta miséricorde, tu es venu en aide à tous les hommes pour qu'ils te cherchent et puissent te trouver.

Tu as multiplié les alliances avec eux, et tu les as formés, par les prophètes, dans l'espérance du salut. Tu as tellement aimé le monde, Père très saint, que tu nous as envoyé ton propre Fils, lorsque les temps furent accomplis, pour qu'il soit notre Sauveur. Conçu de l'Esprit Saint, né de la Vierge Marie, il a vécu notre condition d'homme en toute chose, excepté le péché, annonçant aux pauvres la bonne nouvelle du salut ; aux captifs, la délivrance ; aux affligés, la joie.

Pour accomplir le dessein de ton amour, il s'est livré lui-même à la mort, et, par sa résurrection, il a détruit la mort et renouvelé la vie. Afin que notre vie ne soit plus à nous-mêmes, mais à lui qui est mort et ressuscité pour nous, il a envoyé d'auprès de toi, comme premier don fait aux croyants, l'Esprit qui poursuit son œuvre dans le monde et achève toute sanctification.

Que ce même Esprit Saint, nous t'en prions, Seigneur, sanctifie ces offrandes : qu'elles deviennent ainsi le corps + et le sang de ton Fils dans la célébration de ce grand mystère, que lui-même nous a laissé en signe de l'Alliance éternelle.

Quand l'heure fut venue où tu allais le glorifier, comme il avait aimé les siens qui étaient dans le monde, il les aima jusqu'au bout : pendant le repas qu'il partageait avec eux, il prit le pain, il le bénit, le rompit et le donna à ses disciples, en disant :
« Prenez, et mangez-en tous : ceci est mon corps livré pour vous. »

De même, il prit la coupe remplie de vin, il rendit grâce et la donna à ses disciples, en disant :

« Prenez, et buvez-en tous, car ceci est la coupe de mon sang, le sang de l'Alliance nouvelle et éternelle, qui sera versé pour vous et pour la multitude, en rémission des péchés. Vous ferez cela, en mémoire de moi. »

*(1)* Il est grand, le mystère de la foi :
***Nous proclamons ta mort,***
***Seigneur Jésus,***
***nous célébrons ta résurrection,***
***nous attendons ta venue***
***dans la gloire.***

*(2)* Quand nous mangeons ce pain et buvons à cette coupe, nous célébrons le mystère de la foi :
***Nous rappelons ta mort,***
***Seigneur ressuscité,***
***et nous attendons que tu viennes.***

*(3)* Proclamons le mystère de la foi :
***Gloire à toi qui étais mort,***
***gloire à toi qui es vivant,***
***notre Sauveur et notre Dieu :***
***Viens, Seigneur Jésus !***
Voilà pourquoi, Seigneur, nous célébrons aujourd'hui le mémorial de notre rédemption : en rappelant la mort de Jésus Christ et sa descente au séjour des morts, en proclamant sa résurrection et son ascension à ta droite dans le ciel, en attendant aussi qu'il vienne dans la gloire, nous t'offrons son corps et son sang, le sacrifice qui est digne de toi et qui sauve le monde.

Regarde, Seigneur, cette offrande que tu as donnée toi-même à ton Église ; accorde à tous ceux qui vont partager ce pain et boire à cette coupe d'être rassemblés par l'Esprit Saint en un seul corps, pour qu'ils soient eux-mêmes dans le Christ une vivante offrande à la louange de ta gloire.

Et maintenant, Seigneur, rappelle-toi tous ceux pour qui nous offrons le sacrifice : le pape N., notre évêque N. et tous les évêques, les prêtres et ceux qui les assistent, les fidèles qui

présentent cette offrande, les membres de notre assemblée, le peuple qui t'appartient et tous les hommes qui te cherchent avec droiture. Souviens-toi aussi de nos frères qui sont morts dans la paix du Christ, et de tous les morts dont toi seul connais la foi.
À nous qui sommes tes enfants, accorde, Père très bon, l'héritage de la vie éternelle auprès de la Vierge Marie, la bienheureuse Mère de Dieu, auprès de saint Joseph, son époux, auprès des Apôtres et de tous les saints, dans ton Royaume, où nous pourrons, avec la création tout entière enfin libérée du péché et de la mort, te glorifier par le Christ, notre Seigneur, par qui tu donnes au monde toute grâce et tout bien.

Par lui, avec lui et en lui, à toi, Dieu le Père tout-puissant, dans l'unité du Saint-Esprit, tout honneur et toute gloire, pour les siècles des siècles. – ***Amen.***

*(Communion : page suivante)*

## COMMUNION

# *Notre Père*

(1) Unis dans le même Esprit, nous pouvons dire avec confiance la prière que nous avons reçue du Sauveur :

(2) Comme nous l'avons appris du Sauveur et selon son commandement, nous osons dire :

### NOTRE PÈRE

**Notre Père qui es aux cieux, que ton nom soit sanctifié,**
**que ton règne vienne, que ta volonté soit faite sur la terre comme au ciel.**
**Donne-nous aujourd'hui notre pain de ce jour. Pardonne-nous**
**nos offenses, comme nous pardonnons aussi à ceux qui nous ont offensés.**
**Et ne nous laisse pas entrer en tentation, mais délivre-nous du Mal.**

### PATER NOSTER

*Pater Noster qui es in caelis, sanctificetur nomen tuum, adveniat regnum tuum, fiat voluntas tua sicut in caelo et in terra. Panem nostrum quotidianum da nobis hodie, et dimitte nobis debita nostra, sicut et nos dimittimus debitoribus nostris, et ne nos inducas in tentationem sed libera nos a malo.*

Délivre-nous de tout mal, Seigneur, et donne la paix à notre temps :
par ta miséricorde, libère-nous du péché, rassure-nous devant les épreuves

en cette vie où nous espérons le bonheur que tu promets et l'avènement de Jésus Christ, notre Sauveur. – ***Car c'est à toi qu'appartiennent le règne, la puissance et la gloire pour les siècles des siècles !***

## *Échange de la paix*

Seigneur Jésus Christ, tu as dit à tes Apôtres : « Je vous laisse la paix, je vous donne ma paix » : ne regarde pas nos péchés mais la foi de ton Église ; pour que ta volonté s'accomplisse, donne-lui toujours cette paix, et conduis-la vers l'unité parfaite, toi qui règnes pour les siècles des siècles. – ***Amen.***

Que la paix du Seigneur soit toujours avec vous. – ***Et avec votre esprit.***

Frères et sœurs, dans la charité du Christ, donnez-vous la paix.

## *Fraction du pain*

### *Agneau de Dieu*

**Agneau de Dieu, qui enlèves le péché du monde, prends pitié de nous.** *(bis)*
**Agneau de Dieu, qui enlèves le péché du monde, donne-nous la paix.**

### *Agnus Dei*

*Agnus Dei qui tollis peccata mundi, miserere nobis. (bis)*
*Agnus Dei qui tollis peccata mundi, dona nobis pacem.*

## *Communion*

*Le prêtre complète, à voix basse, sa préparation personnelle à la communion :*

*(1) Seigneur Jésus Christ, Fils du Dieu vivant, selon la volonté du Père et avec la puissance du Saint-Esprit, tu as donné, par ta mort, la vie au monde; que ton corps et ton sang me délivrent de mes péchés et de tout mal; fais que je demeure fidèle à tes commandements et que jamais je ne sois séparé de toi.*
*(2) Seigneur Jésus Christ, que cette communion à ton corps et à ton sang n'entraîne pour moi ni jugement ni condamnation; mais qu'elle soutienne mon esprit et mon corps et me donne la guérison.*

*Montrant aux fidèles le pain eucharistique, le prêtre invite à la communion:*

Heureux les invités au repas du Seigneur!
Voici l'Agneau de Dieu qui enlève le péché du monde.
***— Seigneur, je ne suis pas digne de te recevoir;***
***mais dis seulement une parole et je serai guéri.***

## *Chant de communion* ou antienne de la communion.

## *Prière après la communion* voir à la date du jour

## CONCLUSION DE LA CÉLÉBRATION

Le Seigneur soit avec vous. ***— Et avec votre esprit.***
Que Dieu tout-puissant vous bénisse,
le Père, et le Fils ✝ et le Saint-Esprit. ***— Amen.***

*Le diacre ou le prêtre dit:*

Allez, dans la paix du Christ. ***— Nous rendons grâce à Dieu.***

# Chants pour la célébration

**Les chants en rouge** sont consultables à la page indiquée **Les chants en noir** sont référencés avec leur cote SECLI

| | Ouverture | Renvoi | Communion / Action de grâce | Renvoi |
|---|---|---|---|---|
| 2 mai | Vigne de Dieu<br>Jour du Vivant | D364<br>p. 268 | Reste avec nous, Ressuscité<br>Qui mange ma chair | p. 274<br>D290 |
| 9 mai | Dieu nous as tous appelés<br>Prenons la main que Dieu nous tend | KD14-56-1<br>p. 264 | Reine du Ciel<br>Je vous ai choisis | p. 271<br>DEV44-63 |
| 13 mai | Il nous précède en Galilée<br>Le Christ aujourd'hui remonte aux cieux | I26-38<br>p. 262 | Nous t'avons reconnu, Seigneur<br>Avec vous, je suis avec vous | p. 270<br>EDIT22-61 |
| 16 mai | Souffle imprévisible<br>Il a changé nos vies | p. 266<br>EDIT15-46 | Que mon Esprit soit sur vous<br>Tu fais ta demeure en nous | <br>p. 273 |
| 23 mai | Viens Esprit de sainteté, viens Esprit de lumière<br>Esprit de Pentecôte, souffle de Dieu | p. 266<br>K138 | Au cœur de ce monde<br>De ton Esprit, la terre est pleine | p. 272<br>Gouzes |
| 30 mai | Hymne à la Trinité Sainte<br>Psaume 150 – Par la musique et par nos voix | p. 269<br>p. 265 | Que soit parfaite notre unité<br>Dieu ne peut que donner son amour | D341-1<br>p. 274 |

**Suggestions pour mai 2021** proposées par le P. Thibault Van Den Driessche, avec ChantonsenÉglise

# *Le Christ aujourd'hui remonte aux cieux* (Ouverture)

*JX42-05/J42-05 ; T. : J. P. Revel/D. Bourgeois ; M. : A. Gouzes ; Éd. Sylvanès.*

(2) Je m'en vais vers mon Père et votre Père,
vers mon Dieu et votre Dieu.
Je ne vous laisserai pas orphelins
je m'en vais et je reviens vers vous.

(3) Quand je serai élevé de terre,
j'attirerai tout à moi.
Père, j'ai manifesté ton nom aux hommes :
tu me les as donnés, et moi, je viens à toi.

(4) Je suis sorti du Père et venu dans le monde.
Maintenant, je quitte le monde et je retourne au Père.
En vérité, il vous est bon que je m'en aille,
car je pars, je vous donnerai mon Esprit.

(5) Celui qui vous est enlevé reviendra sur les nuées du ciel ;
il surgira de l'orient comme l'éclair qui traverse le ciel.
Ses pieds se poseront sur la montagne des Oliviers ;
au temps du soir, il fera clair et tous les saints seront avec lui.

(6) Gloire au Père très saint qui fait siéger le Seigneur à sa droite,
gloire à son Fils Jésus exalté près de lui,
gloire à l'esprit d'amour que le Christ a promis.
Trinité vivifiante, gloire à toi !

(7) Marie, Mère de Dieu, intercède pour nous :
la chair que le Seigneur de gloire a revêtue en ton sein,
s'élève aujourd'hui dans les cieux, à la droite du Père,
et ton Fils te prépare une place auprès de lui.

# *Prenons la main que Dieu nous tend* (Ouverture/Envoi)

*T42-2; T. : D. Rimaud/CNPL; M.; J. Akepsimas; SM.*

② Prenons la paix qui vient de Dieu.
Voici le temps, le temps où Dieu fait grâce à notre terre.
Jésus est mort pour notre vie.
Voici le temps, le temps de rendre grâce à notre Père.
Son règne est là : le feu a pris.
Prenons le temps, le temps de vivre en grâce avec nos frères.

③ Prenons les mots que dit l'amour.
Voici le temps, le temps où Dieu fait grâce à notre terre.
Jésus est mort, le livre est lu.
Voici le temps, le temps de rendre grâce à notre Père.
Un même Esprit nous parle au cœur.
Prenons le temps, le temps de vivre en grâce avec nos frères.

## *Psaume 150 - Par la musique et par nos voix* *(Ouverture)*

*Y43-38 ; T. : Didier Rimaud ; M. : Heinrich Schütz ; Voix Nouvelles.*

① Louange à Dieu, Très-Haut Seigneur, pour la beauté de ses exploits :
par la musique et par nos voix, louange à lui, dans les hauteurs.

② Louange à lui, puissance, honneur, pour les actions de son amour ;
au son du cor et du tambour, louange à lui pour sa grandeur !

③ Tout vient de lui, tout est pour lui : harpes, cithares, louez-le.
Cordes et flûtes, chantez-le : que tout vivant, le glorifie !

## *Souffle imprévisible* *(Ouverture/Envoi)*

*K28-44 ; T. : C. Bernard ; M. : J. Akepsimas ; SM.*

① **Souffle imprévisible, Esprit de Dieu, vent qui fait revivre, Esprit de Dieu, souffle de tempête, Esprit de Dieu, ouvre nos fenêtres, Esprit de Dieu !**

*Refrain :* **Esprit de vérité, brise du Seigneur,**
**Esprit de liberté, passe dans nos cœurs !** *(bis)*

② **Flamme sur le monde, Esprit de Dieu, feu qui chasse l'ombre, Esprit de Dieu, flamme de lumière, Esprit de Dieu, viens dans nos ténèbres, Esprit de Dieu !**

③ **Fleuve des eaux vives, Esprit de Dieu, chant de l'autre rive, Esprit de Dieu, fleuve au long voyage, Esprit de Dieu, porte-nous au large, Esprit de Dieu !**

④ **Voix qui nous rassemble, Esprit de Dieu, cri d'une espérance, Esprit de Dieu, voix qui nous réveille, Esprit de Dieu, clame la nouvelle, Esprit de Dieu !**

⑤ **Source de sagesse, Esprit de Dieu, puits de la tendresse, Esprit de Dieu, source pour ton peuple, Esprit de Dieu, coule en nos demeures, Esprit de Dieu !**

⑥ **Paix de la colombe, Esprit de Dieu, ciel dans nos rencontres, Esprit de Dieu, paix qui nous libère, Esprit de Dieu, change notre terre, Esprit de Dieu !**

⑦ **Joie donnée aux hommes, Esprit de Dieu, fête du Royaume, Esprit de Dieu, joie de l'Évangile, Esprit de Dieu, fais de nous des signes, Esprit de Dieu !**

⑧ **Vent de Pentecôte, Esprit de Dieu, force des Apôtres, Esprit de Dieu, vent que rien n'arrête, Esprit de Dieu, parle en tes prophètes, Esprit de Dieu !**

## Viens Esprit de sainteté, viens Esprit de lumière *(Ouverture)*

*KY231; T. : A. Gouzes; M. : Communauté de l'Emmanuel (Jean-Marc Morin); L'Emmanuel.*

*Refrain :* **Viens Esprit de sainteté,**
**viens Esprit de lumière,**
**viens Esprit de feu,**
**viens nous embraser.**

① **Viens Esprit du Père, sois la lumière.**
**Fais jaillir des cieux ta splendeur de gloire.**

② **Témoin véridique, tu nous entraînes**
**à proclamer : Christ est ressuscité !**

③ **Viens onction céleste, source d'eau vive,**
**affermis nos cœurs et guéris nos corps.**

④ **Esprit d'allégresse, joie de l'Église,**
**fais jaillir des cœurs le chant de l'Agneau.**

⑤ **Fais nous reconnaître l'amour du Père**
**et révèle-nous la face du Christ.**

⑥ **Feu qui illumines, souffle de vie,**
**par toi resplendit la croix du Seigneur.**

## *Jour du Vivant* (Ouverture)

*I34-92-8/IP 34-92-8; T. : CFC; M. : É. Danie; Éd. Kinnor.*

① **Jour du Vivant pour notre terre, alléluia ! Alléluia !** *(bis)*
**Le fruit que Dieu bénit mûrit en lumière :**
**soleil déchirant la nuit !**
**Alléluia ! Alléluia ! Alléluia ! Alléluia !**

② **Jour du Vivant sur notre histoire, alléluia ! Alléluia !** *(bis)*
**Le corps hier meurtri rayonne sa gloire :**
**l'amour a brisé la mort !**
**Alléluia ! Alléluia ! Alléluia ! Alléluia !**

③ **Jour du Vivant sur tout exode, alléluia ! Alléluia !** *(bis)*
**De l'eau et de l'Esprit renaissent les hommes :**
**chacun porte un nom nouveau.**
**Alléluia ! Alléluia ! Alléluia ! Alléluia !**

④ **Jour du Vivant, si loin, si proche, alléluia ! Alléluia !** *(bis)*
**Le vin nous est servi, prémices des noces :**
**la joie du Royaume vient !**
**Alléluia ! Alléluia ! Alléluia ! Alléluia !**

⑤ **Jour du Vivant offert au Souffle, alléluia ! Alléluia !** *(bis)*
**Le feu soudain a pris, créant mille sources :**
**le monde rend grâce à Dieu !**
**Alléluia ! Alléluia ! Alléluia ! Alléluia !**

## *Hymne à la Trinité Sainte* (Ouverture)

*MY230/L230; T. : J.-P. Lécot; M. : J.-P. Lécot/J. Mohr (XIXe s.); Éd. Lethielleux.*

**② Béni sois-tu, ô Père, de qui nous vient tout bien !**
**Bénie soit cette terre : c'est l'œuvre de tes mains.**

**③ À toi notre louange, ô fils du Dieu vivant !**
**Loué soit l'Évangile, Parole du salut !**

## *Nous t'avons reconnu, Seigneur* (Communion)

*D59-24 ; T. : A. Dumont ; M. : M. Wittal, J. Rouquès ; Éd. de l'Emmanuel.*

**① Nous t'avons reconnu, Seigneur, à la fraction du pain,
notre cœur est tout brûlant quand nous venons jusqu'à toi.
Fortifie notre foi, ô Christ, en cette communion,
fais de nous un seul corps, uni en un seul esprit.**

**② Tu as dit : « Vous ferez cela en mémoire de moi. »
Pain et vin sont consacrés en signe de ton salut.
Ils nous donnent ta vie, ô Christ, en cette communion :
corps livré, sang versé pour nous sauver du péché.**

**③ Nous venons t'adorer, Seigneur, en partageant le pain,
Notre roi, notre pasteur, Jésus notre Rédempteur !
Tu découvres ta gloire, ô Christ, en cette communion,
ouvre-nous le chemin, reçois-nous auprès de toi.**

**④ Par l'Esprit, apprends-nous Seigneur à contempler ton corps,
Tu es là, vraiment présent en ta sainte eucharistie.
Tu te livres en nos mains, ô Christ, en cette communion :
« Mon Seigneur et mon Dieu, Jésus, ma vie et ma joie ! »**

**⑤ Nous voici affamés, Seigneur, tout petits devant toi,
sous nos yeux, tu multiplies le pain qui donne la vie.
Tu t'es fait nourriture, ô Christ, en cette communion,
conduis-nous au bonheur promis à tes serviteurs**

⑥ **Joie sur terre et joie dans le ciel, en toi tout resplendit !**
**Pour que l'homme soit fait Dieu, le Fils a pris notre chair.**
**Allégresse des saints, ô Christ, en cette communion,**
**en nos cœurs tu descends, pour vivre à jamais en nous.**

## *Reine du ciel* *(Action de grâce)*

*V 59-26 ; Adaptation française du « Regina cœli » ; M. : B. Suijkerbuijk ; Éd. de l'Emmanuel.*

## *Au cœur de ce monde* (Ouverture)

*A 238-1 ; T. : D. Rimaud/©CNPL ; M. : J. Berthier ; SM.*

② Voyez ! Les affamés de Dieu : ils font régner toute justice !
Voyez ! Les amoureux de Dieu : ils sont amis de tous les hommes !
Voyez ! Ceux qui ont foi en Dieu : ils font que dansent les montagnes !

③ Voyez ! Le peuple est dans la joie : l'amour l'emporte sur la haine !
Voyez ! Les faibles sont choisis : les orgueilleux n'ont plus de trône !
Voyez ! Les doux qui sont vainqueurs : ils ont la force des colombes !

## *Tu fais ta demeure en nous* *(Communion)*

*D56-49 ; T. et M. : Chants de l'Emmanuel (S. Drouineau) ; Éd. de l'Emmanuel.*

*Refrain :* **Tu es là présent, livré pour nous. Toi le tout-petit, le Serviteur.
Toi, le Tout-Puissant, humblement tu t'abaisses.
Tu fais ta demeure en nous, Seigneur.**

① Le pain que nous mangeons, le vin que nous buvons,
c'est ton corps et ton sang,
tu nous livres ta vie, tu nous ouvres ton cœur,
tu fais ta demeure en nous, Seigneur.

## *Dieu ne peut que donner son amour* *(Action de grâce)*

*T. : Taizé ; M. : J. Berthier/J. Gelineau ; Ateliers et Presses de Taizé.*

## *Reste avec nous, Ressuscité* *(Action de grâce)*

*I56-47 ; T. : Communauté de l'Emmanuel ; L'Emmanuel.*

Refrain : **Reste avec nous, Ressuscité, notre cœur est brûlant de ta parole.**
**Rassasie-nous de ta présence, de ton corps glorieux.**

① **Car tu es l'Agneau immolé, qui enlève le péché du monde,**
**en mourant tu as détruit la mort, en ressuscitant tu nous as rendu la vie !**

② **Tu détruis un monde déchu, et voici la création nouvelle.**
**de ta main nous tenons désormais, la vie éternelle avec toi dans le ciel !**

**MAI 2021**

# LES RENDEZ-VOUS

*Inspirations bibliques*
**Père Jacques Nieuviarts** *p. 278*

*Question de Dieu*
**Sœur Anne Lécu**
*p. 280*

*Trésors de la liturgie*
**Sœur Emmanuelle Billoteau**
*p. 283*

*Sagesses du désert*
**Jean-Guilhem Xerri**
*p. 286*

**Témoignage de lecteur** ... *p. 288*
**Question de foi** ... *p. 290*
**Pèlerinage** ... *p. 291*
**Église du monde** ... *p. 292*
**Reportage** ... *p. 294*
**Messes TV radio** ... *p. 297*
**Culture** ... *p. 298*
**Agenda** ... *p. 301*


Photos : 1 : P-E. Charon ; 2 : F. Brochoire/Signatures ; 3 : DR ; 4 : CIRIC.

**Père Jacques Nieuviarts**, assomptionniste

# Comme dans des vases d'argile

**Le temps pascal est celui de la lecture des Actes. Dans le souffle de l'Esprit, les Apôtres portent un trésor avec autant de soin qu'un vase fragile : « Jésus Christ est le Seigneur. »**

C'est le temps des témoins. La résurrection de Jésus et le don de l'Esprit à la Pentecôte constituent les apôtres, et nous avec eux, témoins et envoyés. Durant le temps pascal, les Actes des Apôtres déploient longuement, au fil de la liturgie, ce que signifient des actes d'apôtres. Les rassemblements qu'ils vivent sur la place publique ou le parvis du Temple, les émeutes, les voyages de Paul et ses naufrages, peuvent nous sembler lointains. Mais ces hommes ne sont pas loin de nous. Lents à comprendre ce que Jésus ressuscité leur dit lorsqu'il les enseigne et leur parle du Royaume (Ac 1, 6), on les voit également terrés de peur au Cénacle avant que les saisisse la Pentecôte (Jn 20, 19). Alors dans le souffle de l'Esprit, ils vont, intrépides, ne craignant plus rien ni personne. Ce qu'ils ont reçu de Jésus, ils le donnent. Ils annoncent la Bonne Nouvelle, ils guérissent (Ac 3, 6). On pourra les jeter en prison, « ils prient et chantent les louanges de Dieu, et les autres détenus les écoutent » (Ac 16, 25). Il ne nous est pas caché non plus que les débats sont houleux, plus d'une fois, quand ils ont à discerner les chemins à prendre en fidélité à Jésus. L'Esprit les pousse à aller toujours plus loin pour imaginer la juste attitude (Ga 2; Ac 15). Sommes-nous si loin de cela? Et n'est-ce pas ainsi qu'avance l'Église? Nous comprenons mieux alors la parole de Paul aux Corinthiens: « Ce que nous proclamons, ce n'est pas nous-mêmes; c'est ceci: Jésus Christ est le Seigneur; et nous sommes vos serviteurs, à cause de Jésus. Mais ce trésor, nous le portons comme dans des vases d'argile; ainsi, on voit bien que cette puissance extraordinaire appartient à Dieu et ne vient pas de nous. » (2 Co 4, 5. 7). Telle est la source de notre assurance et de notre témoignage: en Dieu et non pas en nous. Mais il faut du temps pour entendre les Béatitudes et comprendre qu'elles peuvent nous pétrir et faire de nous des femmes et des hommes disponibles pour l'Évangile. C'est notre vie comme elle est, sans fard, que touche de clarté le petit matin de Pâques. La Résurrection traverse l'humanité blessée de l'homme, d'une vie venue d'ailleurs, du cœur de Dieu. Elle y éveille de façon mystérieuse la secrète allégresse dont Dieu seul est source. Ainsi la fragilité de l'homme s'éveille-t-elle à ce que Dieu seul peut faire naître. Le chrétien l'affirme dans la foi, tandis que Dieu l'inscrit en l'homme. ■

*La Résurrection traverse l'humanité blessée de l'homme, d'une vie venue d'ailleurs, du cœur de Dieu.*

**Sœur Anne Lécu**, dominicaine

# « Si j'ai faim, irais-je te le dire ? » (Ps 49, 12)

**On peut lire ce verset dans le psaume 49 (50), l'un des rares où l'on entend une question de Dieu. Mais de quoi Dieu peut-il vraiment avoir faim ?**

Dans les psaumes, de multiples questions sont adressées à Dieu, nos questions, celles de toujours : « Pourquoi, Seigneur, es-tu si loin ? » (Ps 9b, 1) ; « Combien de temps, Seigneur, vas-tu m'oublier, me cacher ton visage ? » (Ps 12, 1) ; « Pourquoi dors-tu Seigneur ? » (Ps 43, 24) ; « Pourquoi me rejeter ? (Ps 42, 2)… et la liste pourrait s'allonger. Mais il est plus rare d'y entendre et d'y lire les questions de Dieu. C'est pourtant le cas du psaume 49. On y voit Dieu convoquer les peuples, pour s'adresser aux uns et aux autres, à ses fidèles et à l'impie. Il met en garde ses fidèles contre les holocaustes et les sacrifices : « Je ne t'accuse pas pour tes sacrifices », mais « Je ne prendrai pas un seul taureau de ton domaine » (Ps 49, 8-9). Dieu rappelle à son peuple que tout lui appartient. Puis vient cette double question : « Vais-je manger la chair des taureaux et boire le sang des béliers ? », et avant « Si j'ai faim, irai-je te le dire ? » Étrange question. Est-ce que Dieu a faim ? Est-ce que Dieu a soif ? Derrière cette énigme, une autre plus compliquée se dessine : comment nous représentons-nous notre Dieu ? Le temps que nous lui offrons ou que nous lui refusons, comment nous le représentons-nous ? Comme une forme de monnaie d'échange, comme un soulagement de notre conscience, ou un accablement lorsque nous avons le vif sentiment de notre absence ? Alors bien sûr, nous sommes tentés de répondre que non, Dieu ne va pas nous dire qu'il a faim, car ce serait imposer une forme d'anthropocentrisme qu'il excède amplement. Il nous reste donc cette question : s'il ne veut ni bélier ni •••

**Détail de miniature de psautier, représentant Asaph (à droite) à qui est attribué le psaume 49 (Heidelberg, XIe s.).**

## *Première Alliance*

*« Si j'ai faim, irai-je te le dire ?*
*Le monde et sa richesse m'appartiennent.*
*Vais-je manger la chair des taureaux*
*et boire le sang des béliers ? »*

Psaume 49 (50), 12-13

... bouc, ni effort de notre part, ni monnaie d'échange, mais « un sacrifice d'action de grâce » (Ps 49, 23), de quoi s'agit-il ?

La question mérite d'être ouverte, sans réponse immédiate. Car finalement est-ce si sûr que Dieu ne viendra pas nous dire qu'il a faim ? ou soif ? Jésus dans l'Évangile a faim à plusieurs reprises et il le dit. Il a faim au désert après ses quarante jours de jeûne. Il a faim en sortant de Béthanie, juste avant de monter à Jérusalem, mais le figuier qu'il approche n'a pas de figue à lui offrir. Il a faim de notre parole, il a faim de notre faim, et nous le dit. Le sacrifice d'action de grâce, n'est-ce pas d'abord entendre sa faim, de rencontre véritable, son désir d'entrer en relation avec nous, de nous parler, de nous écouter, de nous aimer ? La faim de Dieu ne se manifeste-elle pas lorsque dès l'origine des siècles, il nous façonne à son image et dépose en nos cœurs la capacité à entrer en relation avec d'autres, et si nous le voulons bien, avec lui ? ■

## *Nouvelle Alliance*

*« Venez, les bénis de mon Père, recevez en héritage le Royaume préparé pour vous depuis la fondation du monde. Car j'avais faim, et vous m'avez donné à manger; j'avais soif, et vous m'avez donné à boire; j'étais un étranger, et vous m'avez accueilli. »*

Matthieu 25, 34-35

## TRÉSORS DE LA LITURGIE

**Sœur Emmanuelle Billoteau**, ermite

# « Ouvrons nos cœurs au Souffle de Dieu ! »

**La fête de la Pentecôte clôt le temps pascal et célèbre l'effusion de l'Esprit sur toute chair. Il s'agit là d'une réalité qui s'expérimente au plus intime, dans le cœur, mais qui pousse également à sortir de soi. Une double polarité que nous retrouvons dans la liturgie de cette fête.**

« Tout en étant clé, ouverture, extase, l'Esprit est et demeure la divine profondeur. Dieu sort de lui-même sans se quitter et en attirant à lui [...]. L'exode de Dieu attire en Dieu. L'Esprit est un mouvement simultané de flux et de reflux. » Cette remarque du théologien François-Xavier Durrwell, dans *L'Esprit Saint de Dieu,* souligne ce que tout participant attentif à la célébration de la Pentecôte a peut-être pressenti sans pouvoir mettre des mots dessus. Tant les pièces liturgiques que les lectures proposées par l'Église pour la vigile eucharistique (appelée dans les missels « messe du samedi soir ») et pour la messe du jour nous donnent à contempler ce mouvement de...

… flux et de reflux en Dieu et hors de Dieu, avec les implications qui s'ensuivent au niveau de notre vie chrétienne.

Ainsi, nous sommes renvoyés à notre intériorité, à ce lieu du cœur où nous supplions l'Esprit de pénétrer. C'est le cas dans le verset des alléluias de la vigile et de la messe du jour : « Viens, Esprit Saint ! Emplis le cœur de tes fidèles ! Allume en eux le feu de ton amour. » Nous retrouvons ce même type d'invocations dans la séquence de la messe du jour où l'Esprit est appelé, entre autres, « l'hôte très doux de nos âmes » : « Viens, Esprit Saint, en nos cœurs », « Viens en nous […], dispensateur des dons […], lumière de nos cœurs », « viens remplir jusqu'à l'intime le cœur de tous tes fidèles ». Sans oublier l'antienne d'ouverture de la messe de la veille, proposée comme une alternative possible à la reprise du premier livre de la Sagesse : « L'amour de Dieu a été répandu dans nos cœurs par son Esprit qui habite en nous » (Rm 5, 5 ; 8, 11). Autant dire que faire l'expérience de l'Esprit, comme l'ont fait les disciples au jour de la Pentecôte et après, suppose d'être présent à soi-même, de s'habiter et donc de ne pas se répandre.

## L'Esprit est donné à tous

L'Esprit, qui vient de ce Dieu désireux de faire en nous sa demeure (cf. Jn 15, 4), nous ramène toujours à lui. Mais cette intériorité n'a rien d'un intimisme qui fuirait le monde extérieur. Si l'Esprit nous habite, il ne peut que nous sanctifier et donc influer sur notre qualité d'être et de relation avec les autres. L'évangile de la vigile est significatif à cet égard. Jésus y parle de l'Esprit qui jaillit du cœur en fleuves d'eau vive (Jn 7, 38), c'est-à-dire d'un amour venant du plus profond de nous et de bien au-delà, lequel nous attire non seulement vers Dieu mais aussi vers autrui. La deuxième lecture de la messe du jour va dans le même sens lorsqu'elle nous affirme que les dons de l'Esprit nous sont donnés au bénéfice du corps du Christ dont nous sommes les membres (1 Co 12, 12-13). Plus encore l'Esprit est donné au bénéfice de l'ensemble de l'humanité, comme le suggère l'évangile du jour. Le don de l'Esprit est, en effet, associé à l'envoi en mission des disciples (Jn 20, 21-22). Et leur rôle sera de « se faire comprendre des hommes de toutes langues » (antienne d'ouverture de la messe), comme l'ont fait les disciples au jour de la Pentecôte (Ac 2, 8).

*« Viens, Esprit Saint ! Emplis le cœur de tes fidèles ! Allume en eux le feu de ton amour. »*

Peut-être est-il bon de noter encore que l'amour donné par l'Esprit ne va pas sans la connaissance, qui ouvre à « l'intelligence du mystère » (prière sur les offrandes de la messe du jour). L'Esprit qui permettra à tous les peuples d'accéder à la connaissance du vrai Dieu (préface de la Pentecôte). C'est ainsi que nous pouvons nous découvrir fils et frères (préface), unis au Christ, à Dieu et à nos semblables – non dans une unité qui nie les différences mais avec cette humilité qui est celle-là même de l'Esprit. Comme le dit François-Xavier Durrwell : « L'Esprit, amour infini, est humble infiniment. Il est l'humilité personnifiée. En toute son activité, il s'efface en faveur d'autrui. » ■

SAGESSES DU DÉSERT

**Jean-Guilhem Xerri,** auteur de *(Re)vivez de l'intérieur,* Les éditions du Cerf, 2019

# La juste place du travail

**Les Pères du désert plaçaient le travail comme un pilier essentiel de la vie spirituelle. Deux siècles après eux, saint Benoît l'inscrit dans sa Règle.**

« Abba, pourquoi accordez-vous une place aussi particulière au travail ? » demanda un disciple à un Père du désert.

À une période où le travail vit des transformations majeures marquées parfois par des réalités dures – chômage, burn-out, perte de sens –, il est bon d'observer la place que les Pères du désert lui donnaient. Il est un pilier essentiel de la vie spirituelle. Antoine le Grand, le premier des Pères du désert considéré comme le père des moines, pose à Dieu la question : « Comment être sauvé ? » Et la réponse qu'il entend est : « *Ora et labora* », en français « Prie et travaille ». Le travail a plusieurs fonctions pour les Pères. Il assure sa subsistance sans vivre aux dépens des autres. Il donne aussi l'opportunité de venir en aide à ceux qui sont dans le besoin. Il est enfin un moyen essentiel pour prévenir et traiter l'acédie, ce vague à l'âme profond qui conduit à une perte de sens et de saveur de vivre. Personne ne doit se soustraire au travail, quitte à ce que les tâches soient adaptées aux plus faibles. Les Pères disaient ainsi que : « Celui qui ne travaille pas, qu'il ne mange pas ! » L'oisiveté est considérée comme ennemie de l'âme. Il s'agit là d'inactivité volontaire, mais aussi d'occupations vaines ou futiles. Les Pères nous donnent trois repères essentiels pour nos activités, professionnelles ou bénévoles. Elles doivent être orientées vers le service, c'est-à-dire tournées vers les autres et le bien commun. La juste mesure doit être aussi recherchée, évitant la surcharge comme la paresse. Jean Cassien, qui après avoir partagé la vie des Pères du désert d'Égypte au IVe siècle l'a fait connaître et introduire en Occident, raconte l'histoire d'un moine toujours épuisé par le travail et conclut que « ce sont les démons qui nous poussent à de tels excès » ! Pour être à une juste place, nos activités doivent s'inscrire dans un rythme, un cadre, des horaires (ceux des offices et de la lecture pour les moines). « Ils seront vraiment moines s'ils travaillent de leurs mains comme nos Pères et les Apôtres », inscrit saint Benoît dans sa Règle. Que retenons-nous de ces conseils pour que nos activités soient un moyen de croissance intérieure ? ■

© Gaëtan Évrard

*« Comment être sauvé ? – Prie et travaille. »*

## *Qui étaient les Pères du désert ?*

Des hommes et des femmes, pionniers de la vie monastique. Ils s'installent à partir du IVe siècle dans les déserts d'Égypte et de Syrie pour vivre leur foi en petites communautés ou en solitaires. On appelle « apophtegmes » leurs conseils.

Propos recueillis par le **père Jean-Paul Musangania**, assomptionniste

# La prière, mon oxygène pour repartir

**Hélène Barbault, 51 ans, mariée, mère de trois enfants, professeur des écoles et responsable de l'équipe des animateurs de chants de la paroisse Saint-Gilles, Bourg-la-Reine (92), prie le soir dans son lit.**

« Quand vient l'heure de se coucher, je m'allonge dans mon lit à côté de l'icône des pèlerins d'Emmaüs posée sur ma table de chevet. Comme avec les disciples, le Christ chemine chaque jour avec moi, même si j'ai souvent du mal à le voir. Cet instant est un temps de soulagement, de paix, de détente. Les journées d'enseignante, de maman et de responsable liturgique sont bien remplies : elles me comblent de joies mais sont aussi source de fatigue et de tracas. Dans le silence de la chambre, je prends le temps de faire le point avec le Seigneur : je le remercie pour ces belles rencontres, pour ces sourires et ces échanges, je lui partage mes inquiétudes vis-à-vis de telle ou telle situation. Je lui demande pardon pour les blessures que j'ai occasionnées ; je lui demande son aide pour mieux faire le lendemain.

J'ouvre ensuite *Prions en Église* et je lis les textes du lendemain.

© Sandrine Martin

J'apprécie le dialogue entre les textes bibliques. Je suis sensible aux signes présents dans l'Ancien Testament annonçant la venue du Christ et à l'écho si moderne de ces mots dans ma vie. Au plus profond de moi, c'est évident, le Seigneur est là, je ne peux l'expliquer. Dans mes périodes de doute, il revient toujours me chercher et ne me quitte jamais. La lecture des textes me permet de me ressourcer, me regonfle après la journée, me redonne l'oxygène nécessaire pour repartir le lendemain. Les psaumes, eux, m'aident à trouver les bons mots pour m'adresser au Seigneur. En tant qu'animatrice de chants, je les chante souvent. La musique s'associe spontanément aux mots pour faire monter ma prière jusqu'au Père. Je peux alors m'endormir sereine et tranquille dans les bras du Seigneur, confiante et sûre de son amour, ressourcée par sa Parole, fortifiée, dans l'attente d'une nouvelle journée. » ■

# Mois de mai, mois de Marie ?

Depuis le Moyen Âge, les chrétiens honorent Marie en lui consacrant le samedi ou en faisant du mois de mai le « mois de Marie ». Depuis la fin du XV<sup>e</sup> siècle, puis au XIX<sup>e</sup> siècle, s'est affirmée cette dévotion qui relève plus de la piété populaire que de la liturgie proprement dite. Vatican II a précisé quel est le culte à rendre à la Vierge Marie. Le Concile enseigne que le culte marial « présente un caractère absolument unique ; il n'en est pas moins essentiellement différent du culte d'adoration qui est rendu au Verbe incarné ainsi qu'au Père et à l'Esprit Saint ; il est éminemment apte à le servir » *(Lumen Gentium* § 66). Puis, tout en reconnaissant que « la vie spirituelle n'est pas enfermée dans la participation à la seule liturgie », il recommande les « pieux exercices » à condition qu'ils soient « réglés en tenant compte des temps liturgiques et de façon à s'harmoniser avec la liturgie, à en découler d'une certaine manière, et à y introduire le peuple parce que, de sa nature, elle leur est de loin supérieure » *(Sacrosanctum Concilium* § 12-13).

Mai coïncide en grande partie avec le temps pascal. Il convient donc de mettre en évidence la participation de Marie au mystère pascal du Christ et à la Pentecôte, et d'insister sur l'intercession de la « Mère de l'Église » pour nous, auprès de son Fils. La mémoire au lundi de Pentecôte, instituée par le pape François, nous y invite. ■

**Michèle Clavier**, *théologienne*

E-PÈLERINAGES

# Voyager autrement

Comment vivre un pèlerinage en temps de pandémie ? Pour continuer à arpenter les chemins du monde et à prier sur les hauts lieux de la foi, *Prions en Église* propose une offre originale, novatrice et unique en France : des pèlerinages en ligne. Il s'agit de parcours culturels et spirituels de plusieurs jours, sur des lieux de pèlerinage emblématiques. Ces itinéraires en ligne sont orchestrés par un animateur spirituel et combinent, chaque jour, des visites commentées, des vidéoconférences par des invités experts, des messes retransmises en direct, une rubrique art et foi, des textes et des chants pour la prière personnelle. Des milliers de lecteurs ont déjà été conquis par un e-pèlerinage à Rome et un autre à Jérusalem. D'autres itinéraires sont prévus : Assise, avec une réflexion autour de Laudato si, la Grèce, avec les pas de saint Paul, Rome en famille… Pour en savoir plus, consultez le site *Prions en Église* rubrique e-pèlerinage. ■

**P. Thibault Van Den Driessche,** *assomptionniste*

**Lionel Cheylus**, volontaire et éducateur avec la DCC au Liban

# Un puits d'espérance

« Depuis mars 2020, je vis dans une immense grâce en étant volontaire au Foyer de tendresse de l'association Anta Akhi, à Ballouneh au Liban *[N.D.L.R. : jusque-là, Lionel travaillait avec nous à Bayard]*. Le foyer agit pour la dignité des personnes adultes en situation de handicap et les accueille afin qu'elles puissent vivre avec nous, parmi nous, comme nous, dans la joie, malgré toutes les difficultés de leurs parcours. À la lourdeur du handicap s'ajoute la situation difficile de leur pays ainsi qu'un confinement strict du Foyer de tendresse pour protéger la santé fragile de chacun. Où et comment trouver des ressources quand on vit une telle situation ? Dans l'amour de Jésus et de Marie, maman de notre maison, qui nous protège chaque jour. La prière est un véritable puits de joie pour chaque résident. L'union de prière quotidienne, à travers le rosaire, est tournée vers l'autre, vers ceux qui souffrent, vers leurs familles, vers leurs accompagnateurs de vie et les autres membres de l'équipe qui œuvrent autour d'eux.

Avec leurs prières, c'est en fait tout l'amour divin qui se diffuse dans la maison et qui aide chaque personne, atteinte de handicap ou bien portante, à vivre chaque jour l'espérance. » ■

Photo: DCC/Lionel Cheylus

**Résidents et amis du Foyer de tendresse Anta Akhi, Ballouneh (Liban).**

**Père Thibault Van Den Driessche**, assomptionniste

# L'orgue et ses secrets

**Ce dimanche 10 mai, a lieu la Journée mondiale de l'orgue. En Alsace, à Sarre-Union, la manufacture d'orgues Koenig veille sur ceux de nos églises et en construit des neufs.**

Sur la portion alsacienne du plateau lorrain, la cité de Sarre-Union (67) abrite la manufacture d'orgue Koenig et ses vastes ateliers. Car de l'espace il en faut, pour laisser le bois des futurs instruments sécher naturellement, pour façonner leurs tuyaux d'étain mêlé de plomb, débiter le chêne destiné à leur buffet et à certains de leurs tuyaux, réaliser leurs soufflets en cuir, procéder à l'assemblage et à l'harmonisation avant installation ou réinstallation sur site. Dès 7 h 30, grâce à une toupie à bois électrique, Jérôme Maillet, l'un des sept salariés, casque antibruit sur les oreilles, profile la lèvre supérieure d'un tuyau en sapin. Celui qui est plus spécialement en charge des travaux de menuiserie et de mécanique confie, les yeux lumineux : « J'ai de la chance de réaliser des instruments qui accompagneront la vie spirituelle des croyants. »

À la tête de la manufacture, Julien Marchal, cheveux noirs et barbe légère, a aussi l'orgue dans la peau. « Dès l'âge de trois ans, à la messe, mes yeux étaient aimantés par cet instrument fascinant. » Depuis ses quatorze ans, le svelte trentenaire en jeans est aussi organiste à Hesse (57) et parfois à Sarre-Union. « Avant tout, il faut être chef d'entreprise, après on peut rêver, comme artiste et artisan », s'exclame celui qui a succédé à Yves Koenig en 2020. L'entreprise est renommée pour avoir reconstruit l'orgue de Sarre-Union, dans un buffet de 1717 et selon les procédés du XVIIIe siècle. Une première mondiale qui a assis sa réputation jusqu'à l'Extrême-Orient ! La manufacture produit un instrument neuf tous les deux ans, comme celui d'Osaka (Japon), en 1990, qui mesure dix mètres de haut et contient trois mille tuyaux, ou celui de Macao (Chine), en 2009. Dernière création en date, l'orgue de l'église Sainte-Brigide, à Plappeville (57), a été inauguré en décembre 2020.

Chaque année, l'équipe de Koenig entretient plus de deux cents orgues

Julien Marchal, président de la société Koenig et titulaire de l'orgue de Hesse (57).

Photo : P. Thibault Van Den Driessche

– les orgues doivent être accordés tous les ans – et en dépanne une cinquantaine, sans compter les nombreuses restaurations en France, en Allemagne, en Autriche, en Italie… À soixante kilomètres de l'atelier, …

… dans le quartier strasbourgeois de la Robertsau, Julien rejoint un chantier de relevage, « une révision complète d'un orgue qui a lieu tous les vingt-cinq ans ». Dans la nef de l'église Saint-Louis, au bas d'un élévateur électrique, deux artisans de Koenig réceptionnent les mille cinq cents tuyaux qui seront revus à Sarre-Union. Au jubé, le tuyautier de la manufacture relève, sur les six sommiers où étaient fixés les tuyaux avant d'être démontés, des traces de métal corrodé et de bois vermoulu. Il faut un investissement conséquent, plusieurs mois, avant que l'orgue n'accompagne à nouveau les offices.

Quand viendra l'harmonisation, l'étape finale de la réalisation ou de la restauration d'un orgue, Julien s'installera au clavier. « Lorsque je joue, je vis un moment intime avec le Seigneur. Je joue pour lui, pour les fidèles, et pour moi », confie-t-il, avant de regagner la manufacture sur les hauteurs de l'Alsace bossue. ■

## Orgue, instrument sacré

« Éveille-toi, orgue, instrument sacré, entonne la louange de Dieu […]. Orgue, instrument sacré, célèbre Jésus, notre Seigneur […]. Orgue, instrument sacré, chante l'Esprit Saint qui anime nos vies […]. Orgue, instrument sacré, élève nos chants et nos supplications vers Marie […]. Orgue, instrument sacré, fais entrer l'assemblée des fidèles dans l'action de grâce du Christ. »

Bénédiction d'un orgue, *Livre des bénédictions,* §1065A.

## LE JOUR DU SEIGNEUR – FRANCE 2 (11 heures)

**2/5** Basilique-cathédrale Notre-Dame de Boulogne, Boulogne-sur-Mer (62).
Prédicateur : P. Vincent Cabanac, assomptionniste.

**9/5** Clinique CHC du MontLégia, Liège (Belgique).
Prédicateur : Fr. Philippe Cochinaux, dominicain.

**13/5** Cathédrale Saint-Sauveur, Bruges (Belgique).
Prédicateur : Mgr Lode Aerts.

**16/5** Église Saint-Étienne, Issy-les-Moulineaux (92).
Prédicateur : P. Augustin Mbazoa, pallotin.

**23/5** Collégiale de Saint-Ursanne, Saint-Ursanne (Suisse).
Prédicateur : *information non confirmée.*

**30/5** Chapelle Sainte-Félicité, Paris (XVe)
Prédicateur : Fr. Thierry Hubert, dominicain.

## FRANCE CULTURE (10 heures)

**2/5** Cathédrale Sainte-Bénigne, Dijon (21).
Prédicateur : P. Didier Gonneaud.

**9/5** Chapelle Notre-Dame de la Médaille miraculeuse, Paris (VIIe).
Prédicateur : Fr. François-Xavier Ledoux, dominicain.

**13/5** Chapelle Notre-Dame de la Médaille miraculeuse, Paris (VIIe).
Prédicateur : Mgr Bernard Podvin.

**16/5** Chapelle Notre-Dame de la Médaille miraculeuse, Paris (VIIe).
Prédicateur : Fr. Emmanuel Pisani, dominicain.

**23/5** Cathédrale Saint-Spire, Corbeil-Essonnes (91).
Prédicateur : P. Frédéric Gatineau.

**30/5** Chapelle Notre-Dame de la Médaille miraculeuse, Paris (VIIe).
Prédicateur : Fr. Gabriel Nissim, dominicain.

Informations communiquées sous réserve de modifications.

## LIVRES

### Marie d'hier à nos jours

*de Michel Wackenheim, Bayard Éditions, 220 p.*

Le père Michel Wackenheim dresse un portrait original de la Vierge Marie à travers les évangiles et les grands textes de la dévotion mariale. De siècle en siècle jusqu'au concile Vatican II, l'auteur, ancien collaborateur de *Prions en Église*, nous démontre combien la piété mariale « ouvre un chemin évangélique et fait affleurer à la conscience croyante la mémoire de la surabondance de vie promise par le Christ ».

### L'oraison. Petit guide pratique

*du frère Dominique Sterckx, Éditions Emmanuel, 155 p.*

Comment échapper aux préoccupations et aux distractions qui envahissent notre conscience et nous font oublier l'essentiel de notre vie chrétienne ? Ce guide rassemble des conseils pratiques pour entrer et progresser dans l'oraison. Le frère Dominique puise dans son long ministère d'accompagnement pour nous rendre présents à nous-mêmes avant de nous unifier dans la présence au Seigneur.

### 7 mots de l'Évangile,

*de Jean-Michel Poffet, Cerf, 176 p.*

Le frère Jean-Michel, exégète dominicain, explique sept petits mots de la Bible, familiers mais parfois méconnus : « Heureux », « Viens », « Alléluia », « Silence », « Amen », « Avec » et « Aujourd'hui ». Si « Heureux » ponctue les Béatitudes, « Viens », lui, fait allusion à l'appel adressé aux premiers disciples et aux communautés chrétiennes. Porteurs de foi et d'espérance, ces mots balisent le chemin de la foi. ■

**P. Jean-Paul Musangania**

## VISITE IMMERSIVE

### Des lieux de culte renommés en ligne

France Immersive est une plateforme de visite interactive à distance qui permet des visites virtuelles époustouflantes dans divers lieux culturels français. Sous l'onglet « Spiritualités », elle donne accès à des édifices cultuels de renoms : la cathédrale Saint-Trophime à Arles, l'église Notre-Dame de la Mer aux Saintes-Marie-de-la-Mer, l'abbaye Saint-Michel du Frigolet, près de Tarascon… Le logiciel permet de se promener facilement dans ces édifices et d'en découvrir les trésors. ■

FRANCE IMMERSIVE

**Benoît de Sagazan,** rédacteur en chef du *Monde de la Bible*

www.franceimmersive.com

## NOS ACTUS

### Prier avec les malades

Ce nouveau hors-série de *Prions en Église* donne les mots pour prier avec des personnes malades ou dans le grand âge. Ce guide publie une quinzaine de rituels de prière pour accompagner les visites des personnes malades. Construits autour de la Parole, vous y puiserez des pistes de partage, des suggestions de chants, des idées de décoration pour embellir le lieu de prière… ■ **Amandine Boivin**

Disponible au prix de 7,50 €
librairie-bayard.com/prieraveclesmalades

## CD

**Reine du Ciel**
Missa Ave Regina Celorum
*Guillaume Du Fay, Ensemble Diabolus in Musica, Bayard Musique*
Guillaume Du Fay, maître de chapelle de la cathédrale de Cambrai, était au XV^e^ siècle, l'un des plus célèbres compositeurs d'Europe. L'*Ave Regina Celorum*, sa messe polyphonique, est un chef-d'œuvre ; d'autres pièces mariales du compositeur l'accompagnent. ■

**Jean Claude Gianadda chante Marie**
*ADF Musique*
Ce double album regroupe une sélection de 33 chants de Jean-Claude Gianadda dédiés à la Vierge Marie. Des prières en musique que le compositeur a fait chanter à de nombreuses assemblées à l'occasion de veillées dans des églises aux quatre coins de France ou lors de grands rassemblements. ■

**Dominique Pierre,** rédacteur en chef de *Chantons en Église*

## NUMÉRIQUE

### ZeBible

L'application ZeBible propose gratuitement plus de 150 parcours bibliques et un panel d'animations à partir de thèmes en phase avec les interrogations des jeunes : « Servir, à quoi ça sert ? », « Tu attends Jésus ? », « Pentecôte, les chrétiens en mode "fire" ? » Cet outil œcuménique de l'Alliance biblique française offre également des ressources et des espaces interactifs pour accompagner les jeunes dans leur chemin de foi. ■

zebible.com

**P. Jean-Paul Musangania**

# AGENDA

Informations communiquées sous réserve de modifications.

*À l'heure où nous imprimons, nous ne pouvons prévoir les conditions d'ouverture des centres spirituels ou de formation. Leur site internet précise, selon les circonstances, ce qui se tient en ligne ou en présence.*

## Grand-Nord-Ouest

### ÉPERNON (28)

**SAMEDI 8**

**Retraite**

« Prendre soin de soi pour prendre soin des autres. Spécial Parents ». Animé par l'Institut européen de développement humain.

02 37 83 60 01

prieure-epernon@orange.fr

www.prieure-saint-thomas.fr

### SAINT-JACUT-DE-LA-MER (22)

**DU VENDREDI 21 AU VENDREDI 28**

**Retraite**

« Croire quand même » : une semaine de retraite de Pentecôte, avec saint Jean. Animé par Alain Marchadour, assomptionniste, ancien collaborateur de *Prions en Église*.

02 96 27 71 19

hotellerie@abbaye-st-jacut.com

www.abbaye-st-jacut.com

### PONTMAIN (53)

**DIMANCHE 23**

**Clôture du synode diocésain**

Les actes du synode diocésain de Laval, lancé en 2018 sur le thème « Tu as du prix à mes yeux » (Is 43, 4), seront promulgués en cette fête de Pentecôte et en cette année jubilaire au sanctuaire Notre-Dame de Pontmain.

www.sanctuaire-pontmain.com

www.diocesedelaval.fr/synode2018-2020

## Grand Nord-Est

### AMIENS (80)

**DIMANCHE 9**

**Jubilé**

Messe solennelle en la cathédrale d'Amiens à 10 h 30, pour célébrer les 400 ans de la naissance du bienheureux Nicolas Barré, fondateur de la congrégation des sœurs de l'Enfant Jésus – Nicolas Barré et des sœurs de l'Enfant Jésus – Providence de Rouen.

www.amiens.catholique.fr

### MOUVAUX (59)

**DU VENDREDI 14 AU DIMANCHE 16**

**Retraite**

« Etty Hillesum, une âme sœur à travers sentes et **...**

… méandres de nos vies » : retraite animée par Pierre Ferrière, jésuite, coauteur d'un ouvrage sur Etty Hillesum, morte à Auschwitz à 29 ans.
03 20 26 09 61
contact@hautmont.org
www.hautmont.org

## Grand Sud-Ouest

### NÎMES (30)

**DU MARDI 4 AU JEUDI 6**

**Pèlerinage**
Le service diocésain des pèlerinages de Nîmes propose de partir à Conques et à Rocamadour « à la rencontre de la Vierge Noire ». Animé par le père André Chapus.
04 66 36 33 68
pelerinages@eveche30.fr
pele30.fr

### BORDEAUX (33)

**VENDREDI 28 ET SAMEDI 29**

**Formation**
« Les convertis, espoir des religions ou péril des cultures ? » Cette session théologique s'appuie sur des exemples célèbres de l'histoire des Églises (du XVIIe au XXe siècles) et des témoignages de trajectoires de vie plus ordinaires. Avec le père François Marxer, jésuite, du centre Sèvres, Paris.
05 57 81 74 96
contact@institutpeyberland.fr
www.institutpeyberland.fr

## Grand Sud-Est

### BIVIERS (38)

**DU MERCREDI 12 AU DIMANCHE 16**

**Session**
Quatre jours de travail sur soi pour « trouver un projet qui me passionne ». Animé par Allard Kouwenhoven, coach PNL (Programmation neuro-linguistique). Au centre spirituel Saint-Hugues.
04 76 90 35 97
www.sainthugues.fr

### LÉONCEL (26)

**DU MERCREDI 12 AU SAMEDI 15**

**Atelier**
Trois jours d'atelier d'écriture autour de « La joie », lors de l'Ascension, à l'abbaye de Léoncel dans le Vercors. Stage animé par Annick Combier, autrice.

Informations communiquées sous réserve de modifications.

06 38 04 50 08
leoncel.actualites@orange.fr
abbaye-leoncel-vercors.com

MEYLAN (38)

**LUNDI 31**

**Journée biblique**

« Femmes et hommes dans la Bible : récits de coopération. » Animé par Isabelle Carlier, au centre théologique de Meylan.
04 76 41 62 83
contact@ctm-grenoble.org
ctm-grenoble.org

## Île-de-France

PARIS (V^E^)

**MARDI 4**

**Conférence**

Les mardis d'éthique publique du centre Sèvres par vidéoconférence : rencontre avec deux-trois invités experts, ...

ZOOM

### Journée des communications sociales

« Viens, et vois. » Communiquer, rencontrer les gens tels qu'ils sont et là où ils sont : tel est le thème de la 55e édition de la Journée mondiale des communications sociales, dimanche 16 mai. Pour le pape François, aller sur le terrain donne à connaître la réalité, celle qu'il convient de partager. « Pour nous acteurs de la communication de l'Église, c'est dans cette réalité, cette ouverture à l'autre, que l'on peut constater des détresses, des abus, des injustices… et que l'on peut ainsi en rendre compte » estime Nolwenn Bottou, responsable communication du diocèse de Mende (48). « Garder le contact avec les personnes habituellement accompagnées, visitées, soutenues est un enjeu de taille pendant la crise sanitaire notamment. » Instituée à l'issue du concile Vatican II, cette journée invite les chrétiens à prier pour les professionnels des médias. « Avoir une éthique dans le traitement de l'information que nous créons ou partageons est une responsabilité qui nous incombe », conclut Nolwenn Bottou. ■

**P. Jean-Paul Musangania**

... sur un sujet d'actualité. Temps d'échanges et de débat.De 19 h 15 à 21 heures.
01 44 39 75 00
centresevres.com

CLAMART (92)

**DU VENDREDI 21 AU DIMANCHE 23**

**Session couples**

« À deux : est-ce bien lui, est-ce bien elle ? » Deux jours pour faire le point sur son couple, accueillir les différences et les correspondances et envisager l'avenir. Temps de réflexion personnelle et à deux, témoignages, prières.
01 45 29 98 60
accueil@manrese.com
www.manrese.com

VERSAILLES (78)

**DU VENDREDI 22 AU DIMANCHE 24**

**Retraite**

Trois jours du parcours Fondements, proposé par Fondacio pour les 18-30 ans, pour nourrir sa foi, ses choix et ses engagements. Animé par Edwige De Champs, permanente de Fondacio, sur le thème « Le salut en Jésus ».
07 86 11 27 84
jeunes.spi@fondacio.fr.

## Monde

**JEUDI 20**

**Année ignatienne**

Ouverture de l'année ignatienne à l'occasion du 500e anniversaire de la blessure de saint Ignace lors du siège de Pampelune durant l'été 1521 et du 400e anniversaire de la canonisation de saint Ignace de Loyola et de saint François Xavier. L'année jubilaire dure jusqu'au 31 juillet 2022. Son thème : « Voir toute chose nouvelle en Christ. »
www.jesuits.global/fr

**ENVOYEZ VOS RENDEZ-VOUS À L'AGENDA DE PRIONS EN ÉGLISE :** Merci d'envoyer les informations nécessaires 3 mois avant l'événement, sans engagement de publication par la rédaction, à : *Prions en Église,* Agenda, 18 rue Barbès, 92120 Montrouge, ou par e-mail : *prionseneglise@bayard-presse.*